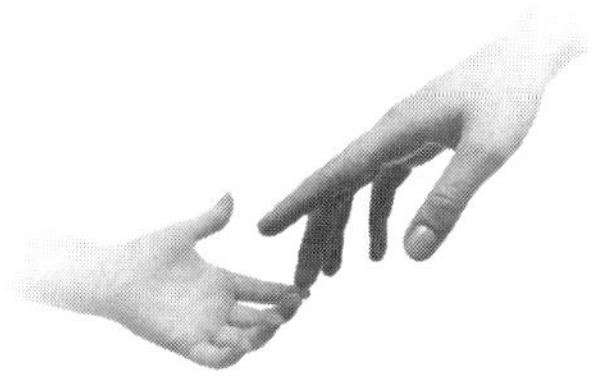

# シングルマザー 自立への道

働き方教育で女性が活躍する社会へ

日本シングルマザー支援協会代表
江成道子

啓文社書房

# まえがき

「あのとき何をしていたの？　何にお金を使ったの？

いろいろと疑問はあるけれど、最後に看病ありがとう。これでチャラにしてあげる」

母が父に残した最後の手紙。

私の母と父は離婚をしている。父が仕事をしなかったので、母は子育てをしながら生活をどうしていくかと悩んだ。そして離婚した。それから女手一つで私と妹を育て上げてくれた。お嬢様育ちの母が選んだ仕事は水商売。知らない世界に飛び込むのはきっと怖かっただろう。しかし、母は決断し貫いた。「お父さんがいなくても子どもに経済的苦労はさせない」と。お陰で私と妹は小さいときには経済的苦労はしていない。母は有言実行の人だった。

しかし、年を取り体を壊したあとに生活はあっという間に荒んでいった。私が20代のころは母の老後のことが心配でたまらなかった。私も妹も自分のことで手一杯で、母の生活まで見る自信はなかったからだ。

そんな悩みを私たち姉妹が持っていたころ、妹の結婚を機に父と連絡を取るようになった。父は離婚後、学歴が高いこともあり、半公務員の仕事に就き生活は安定していた。

その後、私と妹の願いもあり、60歳になるころ母と父は復縁した。やっと母の生活が安定したのがこのときだ。

それから12年安定した生活を送ることができた。これは父のお陰だ。とても感謝している。

そんな母にがんが見つかったのは平成26年の3月だった。

父から「ママが私は〝がん〟だって言ってる」と電話がきた。それから亡くなるまでの10か月間、家族で母を支えた。

毎月の通院には、私と妹が付き添った。病院で担当医と治療方針を決めているときに「治療費は大丈夫です」と言っている母を見て、私は涙をこらえるのに必死だった。本当に嬉しかった。お嬢様だった母が、お金の苦労をしているのを見ていたから、母の口からこの言葉が出る暮らしができていることが本当に嬉しかった。

母は亡くなる直前、みんなに手紙を書いていた。冒頭の父に宛てた手紙にはみんなで笑いながら泣いた。

そして私と妹には、「あなたたちがいたから道を外れることなく生きることができました。ありがとう」とあった。

母はとても強い人だった。しかし、女がひとりで子どもを育てながら働くのはとても厳しい現実だった。当時と今では行政の支援の違いはあるが、生活が厳しくなりがちなことは現代でもあまり変わっていないように感じる。

私が日本シングルマザー支援協会を立ち上げたのは、平成25年7月。家族は私の起業を心配したが、母はとても喜んでくれた。自立したくて自立したくて仕方なかった人だから。

母が亡くなったあと、協会の活動は加速度を増して伸びていった。応援してくださる方々に感謝をすると同時に、いつも母が支えてくれているのを感じる。

「子育てと仕事の両立のしやすい社会を創る」

多くのパートナー企業とともに、イノベーションを起こしていく。

その先には、子どもたちの未来があるから。

それが私の願いであり、決意である。

平成30年10月　江成道子

# シングルマザー
# 自立への道

【目次】

［第二章］

［第四章］

［第五章］

# ［第一章］今、女性たちはどこへ向かうのか

## 献身型から保身型へ

女性が幸福を感じるのはどういうときでしょうか。

私は、女性は人のために尽くしているときに幸福を感じるように思います。それは良い悪いという問題ではなく、女性とは本来そういうものだからです。私はこれを献身型と言っていますが、女性は人に対して献身的な面が強いので自然にそうなってしまったのだと思います。それがここ数年、変わってきたように感じています。どう変わったのでしょうか。

日本シングルマザー支援協会では多くの方々にお会いし、さまざまなお話を伺ってきました。そのなかで私が感じているのは、今の女性は「他の人のために」という献身型から、「自分のために」という保身型に変わっているのではないかということです。

それにはもちろん時代の流れや社会の変化という背景があって、決して女性のせいばかりではありません。これは私の感覚ですが、女性が保身的になってしまった理由には、今、女性が果たすべき役割が見えなくなっているというのがあるのではないかと思います。昔は女性の役割は家庭内にあり、そこで確固とした地位を築いていましたが、今は家事の評価が下がり、幸せを感じられなくなったからではないでしょうか。

その結果、女性は「私とは何か」という自分探しを始めてしまい、それがいろいろなところに影響を及ぼしているのは確かだと思います。もちろん自分が大事だというのは大切なことで、それを否定するものではありませんが、「私、私」になりすぎてしまっているところに幸せを感じにくい原因があるのではないでしょうか。

それではどういう「私」ならいいのでしょうか。

よく「あの人には軸がある」と言いますが、そのように「軸のある私」ならいいのですが、今、「軸がない私」になっていることが問題なのです。軸がないと、人に何かを言われるたびにその人の影響を受けて迷いが生じてしまい、決断が出来ず自分を見失ってしまいます。その結果、どうしていいか分からなくなり、「やらない理由」を探すことになってしまいます。

しっかりと自分の軸さえもっていれば、Aさんの意見もBさんの主張も冷静に受け止めて自分なりに取捨選択し、共感するところは受け入れます。また、それが自分の考えとは違っている場合も、そういう見方もできるのかという新たな視点とすることができ、視野が広がり、俯瞰力もつきます。ところが、軸がないため、押し寄せる情報に翻弄されるばかりで、全てが悩みの種になるという方々が身近にも増えているように思います。

女性があれこれ迷ったり、悩んだりする背景には、「軸がぶれる」ということのほかに、「選択肢が多い」ということがあります。男性は社会に出て働くということが大前提としてあり、働くか働かないかという選択肢はあまりありません。

ところが女性の場合は、働く、働かないということから始まって、フルタイムかパートか、地域活動かボランティアか、趣味を楽しむのか仲間とのサークル活動か、選択肢が実に多いのです。選択肢が多すぎるために何をしたらいいのか分からなくなり、そこで堂々巡りをしているのです。しかも、何も選択できないということがストレスになっているようにも見受けられます。

献身型というのは、「誰かの役に立っている」ということで自己肯定感や自己満足度が上がります。例えば、子どもが学校から帰って来ると、お母さんがおやつを作って待っていてくれるからうれしいとか、地域であなたが活動してくれるから助かっていると感謝されるとか、ご主人が今日の料理おいしいねと褒めてくれるとか、そういうことで十分幸せを感じることができるわけです。ところが保身的になってしまうと、そういうことにはもう幸せを感じられなくなってしまうのです。

人は誰しも他の人に認めてもらいたいという承認欲求をもっています。それが満たされないと承認欲求はより激しくなり、私への執着もいっそう強まります。そして、自分を認めてくれる人を求めてさまようことになります。よく愛を求めて次から次へと恋愛遍歴を重ねる女性がいますが、その典型的な例ではないでしょうか。

それとは別に、承認欲求を人に強いる人もいます。「あのときの私、どうだった?」とか「私、こう言われたけれど、あなたはどう思う?」とかいうように、常に人が自分をどう思っているのか、その評価ばかりを気にします。そこまであからさまに言葉にはしなくても、そういうところが見え隠れする人は少なくありません。しかし、そういう人は周りから面倒くさい人だと思われて敬遠されてしまいます。また、そういう態度に傷ついてしまうことも。

保身型の怖いところは、このように自分ばかりになってしまうため、他人の存在や立場を認める余裕がなくなってしまうことです。すると、夫婦関係、親子関係、友人関係、近所付き合い、仕事関係、すべてがうまくいかなくなります。

## 「私さえ我慢すれば」という自己犠牲

たぶん皆さんも、「私さえ我慢すれば」という女性の言葉を耳にしたことがあるのではないでしょうか。家庭で専業主婦をしているが、自らの希望ではないと感じている場合は、「私さえ我慢して家にいれば、子どもたちも主人も喜んでくれる」、また、子どもに教育費がかかるようになったためパートに出た場合は、「私さえ我慢して働けば、家族が助かる」というように、自分は自己犠牲を強いられていると思い込んで、そのために苦しい思いをしている人がいます。

それはほんとうに自己犠牲なのでしょうか。自己犠牲だと思うから自己犠牲になってしまうのではないでしょうか。視点を変えれば、家で家族を喜ばせるために家事にいそしむ素晴らしいお母さんになり、子どもの教育のためにお金を稼ぎ、ついでに社会勉強もしてしまう賢いお母さんになります。それは、女性が本来もっている人のために尽くすという献身の精神からみれば、幸福そのものではないでしょうか。

ところが、それをすべて自己犠牲だと思ってしまうと、それは自己否定につながり苦しくなって、不満ばかり漏らすようになってしまいます。このような自己犠牲は決して美しいものではなく、逆にその人の人格を貶めてしまいます。

しかし、よく考えてみれば、今ある状態というのは現時点で自分が選び取っている人生です。そこで生きると決めたなら、積極的にそれを享受することを考えたほうがいいのではないでしょうか。子どもが「お母さんが作るクッキーはおいしい」と言ってくれたら、「よ〜し、もっとおいしいクッキーを焼いて驚かせてやろう」と考えればワクワクしてきます。パートでも一生懸命働けば評価も高まり、自己肯定感を得られます。「今日は面白いお客さんが来たのよ……」と家族への話題にも事欠かなくなります。

要は自分の行動を役に立っているという気持ちに結びつけ、自己肯定感に変えていくことが大切です。しかし、現実には自分は犠牲になっているという意識にとらわれている人が何と多いことでしょう。

私どもの協会へ相談にみえて、「私はこの10年間、何もしてこなかった。私の10年はいったい何だったのでしょうか」と泣く方もいらっしゃいますが、10年間、何もしてこなかったはずはなく、何の役にも立たなかったことなど考えられません。そこで、よくよくお話を伺ってみると、「ケーキづくりが得意で、子どもに喜ばれる」とか「1年間、

ＰＴＡの役員を務めた」とか「親の介護をしていた」とか、いろいろ素晴らしいことをしているのです。それなのに何もしてこなかったというのは、それをすべて自己犠牲と考えていて「自分がやりたくてしたことではない」と思っているからではないでしょうか。

このことから推測できるかと思いますが、自分が犠牲になっていると思う人は、実は保身型の人と本質が同じなのです。

## 保身型から抜けだすためには

こうした保身型の人や自己犠牲というマイナス思考にとらわれている人たちの共通点は何でしょうか。

日本シングルマザー支援協会でいろいろな方とお会いしていると、こういう方たちのパターンが見えてきます。それは、こういう方たちは一般的に自分のことを強く主張はしませんが、実は欲張りだともいえます。あれも欲しい、これも欲しいとなるので、軸がなくなり、決められないわけです。何かを決めるということは何かを捨てることなのです。お金を稼ぐと決めれば、今の社会情勢では子どもとの時間は制約を受けますし、子どもとの時間を十分とれば、収入の高さは捨てることになります。しかし、どちらも捨てることができないため、前に進めないのです。

こうして欲張りになってしまう人たちは、基本的には真面目な人が多いのです。しかし、真面目な人は自分が欲張りだとは思っていません。そのため、「私は真面目なのに、少しも報われない」という欲求不満や自己否定が生じるのです。

私はそういう方たちをたくさん見てきていますが、それが如実に表れるのが就職です。そういった考え方だとせっかく就職が決まっても、もっといいところはないかと思って、結局、いい仕事を逃してしまったりもします。そこに欲が出てくるわけです。

こういう方たちにとって、一番重要なことは、自分は真面目だけれど欲張りだと気づくことです。「ああ、自分は、あれも欲しい、これも欲しいと欲を張っている」と気づくことです。思ってもみなかった自分の本質に衝撃を受けると思いますが、気づくことができれば、その人の人生は確実に変わります。

自分が「真面目だけれど、欲張りだ。そのために動けないのだ」ということに気づいたら、次にしなければならないことは自分がどんな人生を歩みたいのかを決めることです。結婚したいのか、子どもが欲しいのか、仕事をバリバリしたいのか、プライベートを充実させたいのか、まず自分で人生を選び取ることです。それが軸となるものです。

プライベートを重視した人生を選んだことで、お金はないけども楽しい、となれば、それが軸になって悩むことはなくなります。ところが、プライベートを充実させたいから仕事をセーブしたけれど、収入が低いと悩んでいる人、逆に将来のためにお金を貯めたいのでバリバリ仕事を入れたら、子どもと過ごす時間が少なくなって悩んでいる人たちが実に多いのです。要するに軸を失っている人たちです。

日本シングルマザー支援協会では、そういう悩みを訴える人のお話をよく耳にしますが、私は、そこに矛盾を感じてしまいます。というのも何かを決めれば、そこに失うものが生じるのは当然です。そのリスクも含めての覚悟することが必要です。

覚悟というと大ごとになって難しく思うかもしれませんが、ただ決めるだけで実に簡単なことなのです。例えば、交差点で「右に行こう！」と覚悟をして決める人はいないわけで、単に「右に行く」というだけのことです。このようなスタンスでいいのです。

どうしても決められない場合は、この人なら信用できるという人をひとりだけ決めて、意見を求め、背中を押してもらうといいのではないかと思います。身近に相談できる人がいることはいいことです。私が日本シングルマザー支援協会を立ち上げたのもまさにそこで、協会には迷っている人、悩んでいる人が集まってきます。そこでアドバイスを受け、何らかの決断をして　前に進んでいきます。

決めたあとも何度も選択を迫られることがあるでしょう。しかし、そのたびに選び取っていけばいいのです。それを繰り返すうちに、「ああ、これでよかったのだ」と、それまで感じたことがないような幸せを感じるときが必ずやってきます。そこまでの道のりは簡単ではなく、平坦でもありませんが、そう感じることができたら、人生は素晴らしいものになります。

よく病気が癒えたあと、人生観が１８０度変わると言います。人生に迷って悶々としている時は幸せを感じにくいです。そこから回復できれば、自分や人生も新たに生き直すことができるのではないでしょうか。ときに痛みや苦しみを伴うことがあってもです。

このことをシングルマザーの観点でみてみましょう。シングルマザーの場合、こうした問題が普通の人よりも増幅されがちなのは事実です。

子どもの世話もしなければいけない、お金も稼がないといけないというように、選択どころか、全てを重荷に捉えてしまう人が多いように思います。しかも、こうなってしまったのは私のせい、こういう風にさせてしまったのも私のせいだと思って、どんどん自己肯定感を落としてしまいます。これでは幸福度が上がるはずがありません。

女性が自己肯定感を落とす傾向は、シングルマザーになる前、子どもを生んで産休をとり、一時的に家庭に入った場合にも見られます。たとえ1年でも家庭に入ると、もう社会復帰が怖くなると言います。家庭のなかで育児という未知の世界と向き合って、それを一人で背負わなければなりません。

ニュースを見る時間もない、自分をきれいにすることもできずに、慣れない育児に奮闘しているところへ、ご主人が帰宅して、「今日は仕事がうまくいった。ああ、ビールがうまいなあ」などと言われると、「あなたはいいわね。仕事だけしていればいいのだから」と恨みごと、妬みごとの一つも言いたくなります。しかし、ご主人を責めるわけにはいきませんから、ここはぐっと我慢をします。それが積み重なって、あるとき、この言葉を発したらどうなるでしょうか。「なんだ、お前、俺が苦労して働いているから、こうして家にぬくぬくしていられるのだろう」と、売り言葉に買い言葉になってしまうでしょう。

このように、日本の場合は、子どもを生んだ後の孤独感、一人で背負う責任感、社会から断絶された喪失感など、家庭に入るなり負が始まります。そこに何らかの理由でシングルマザーになってしまったら、自己肯定感はさらに落ちてしまいます。

## 今の自分の考え方は過去の自分にある

私は母子家庭で育っているので、自分が離婚したときにも、引け目を感じたり、人からどう思われているか、世間の目を気にしたことはいっさいありません。私にとって、シングルマザーは特別に珍しいことではなく、ごく当たり前のことだったからです。ところが、活動を通して知ったのは、離婚してシングルマザーになったことで、子どもがかわいそう、離婚した私が悪いと考える人が実に多いということでした。

しかし、よく考えてみると、そう思う人は、そもそも当事者ではないときから、離婚したら恥だとか、子どもがみじめだというような考えをもっていたのではないかと思います。要するに、自分が考えることは、誰のせいでもない、全て自分から発していることとなのです。

シングルマザーにもプラス思考の人とマイナス思考の人がいます。日本シングルマザー支援協会には、元気で頑張ろう、お金を稼ごうと思っている人たちが集まります。離婚して10年も経って、ようやく旦那に感謝できるようになったというような言葉まで出てくる人もいます。一方では、離婚の傷口を舐め合うような負の共感を求めている人たちもいて、そういう方たちは協会には違和感をもつようです。シングルマザーになってもプラス思考になるか、マイナス思考になるかというのは、上にも述べたように、これまでのその人の考え方や生き方が如実に表れます。それではこうした歪んだ考え方を変えるにはどうしたらいいのでしょうか。

## 自分に気づくきっかけは

考え方や自分は訓練によって必ず変えることができます。誰にでもできます。それにはまず自分の考え方に気づくことが必要です。人というのはなかなか自分のことは分からないものです。本を読んでいる人が「この主人公、絶対に幸せになれないよね」と言ったとします。それを聞いた周りの人たちが「あなたのことじゃないの？」と応じます。これは、私の身近で実際にあった話ですが、人はそれぐらい自分のことを分かっていないのです。

## ◎オウム返し

人はどうしたら自分や自分の考えに気づくことができるのでしょうか。そのことに気づいてもらうために、私はいろいろなセッションを行いますが、攻撃的な人から激しく攻撃されたとき、相手の言葉をオウム返しでそのまま返したことがあります。本人は、自分が激しい攻撃の矢を放っていることに気づいていません。しかし、自分が放った矢がビュンビュンとブーメランのように返ってくるわけですから、次第に自分自身が傷つき、痛みを感じるようになります。しばらくすると何も言わなくなり、私を攻撃することはなくなりました。

このように、自分が発する言葉を自分に返してみるのも自分に気づく一つの方法です。

## ◎日常会話

また、日常会話を文字にしてみることも、自分の考えに気づくよい方法です。

例えば、講演などでは、人は目的をもって「これを言ったらまずい」というように言葉を選びながら話します。しかし、私たちの日常会話というのは、言葉が及ぼす影響をあまり考えず、無意識に話しています。まずいことや無責任なことを言っても、何となく通り過ぎてしまいます。ところが、面白いことに、日常会話を文字にしてみると、その人の考え方のパターンが浮かび上がってくるのです。これは、実践してみて分かりましたが、自分の考え方を知るため、自分の日ごろの日常会話に耳を澄ませて、自分がどんなことを言っているのか、注意を払ってみることも必要だと思います。自分はこんなことを考えているのかと、思ってもみなかった自分に気づき、驚くのではないでしょうか。

## ◎人との出会い

私自身の経験から言えば、人が自分に気づくきっかけは人との出会いのなかにあるということです。ずいぶん前のことですが、年配の男性から「君は気が強いから、例えば電車で騒いでいる子どもがいて、その親が何にも言わないで黙っていたとしたら、親に面と向かって〝子どもを黙らせてくれませんか？〟とか言うのではないだろうか。しかし、その人が、〝実は今朝、主人が亡くなって病院に向かっているところです〟と言ったら、どうする？」と聞かれたことがあります。

私は若いころ、自分が思ったことは相手かまわず攻撃的に主張するようなところがあったので、その方は、自分が正しいと主張するばかりではなく、相手の立場を考えることも必要だということを教えてくれたのだと思います。そのとき、私がどう思ったか、記憶は定かではありませんが、今も思い出すということは強く印象には残っていたのだと思います。

もうひとつ、ずっと後になって気づかされた言葉があります。中学の同級生とレストランに行ったときのことです。その帰り、レジで「今日は私がおごるわ」と言われたのです。「え？　どうして」と聞くと、「だって、あんな話を聞かされたら、せめてこれぐらいはしてあげなければと思って」と言われたのです。きっと、私は「借金があって大変で、夫は暴力を振るうし、こんな思いもしているし、あんなこともあるし……」と、不幸のどん底のような話をしていたのだと思います。しかし、そのときの私はお金がなかったので、おごってくれてラッキーという気持ちのほうが強かったのではないかと思います、ひどいものです。

それから数年たって、私はどうしてずっと不幸なのだろう、このままじゃいけないと気づいたとき、このときの友だちの言葉を思いだしたのです。「ああ、私はそんなに人に負を与えるような会話をしていたのか。だから幸せになれないのだな」と分かったのです。

また、私は弁が立つので攻撃するのは得意なのですが、逆に自分がなぜ攻撃されるのか理解できませんでした。それが実は自分が攻撃しているからだということも分かったのです。そこから、「このままではいけない。変わらなければならない」と気づいて一念発起しました。いろいろと自分について考え、啓発本を読み漁り、最後にはコーチングも学んで自分を変えていきました。

## 人は誰でも変われる

### ◎動機は「幸福になりたい」

私は小さいときから本を読むのが好きで、人の話を聞くのも嫌いではありませんでした。そのため人の話を受けとめる能力があったのではないかと思いますが、私がそれまでの自分のありように気づいたのは、35、6歳ぐらいでしょうか。そして、それまでの自分を変える努力をいろいろと試みました。そのあと就職した職場で、それまでの私を知らない人から「江成さんはいい人ね。人から嫌われないでしょう」と言われて、それこそ敵ばかりだった昔の自分を思いだしました。「私はそんなにいい人だったかしら？もしかして私、この人を騙しているのかしら？　いや、騙しているわけではない、私が変わったのだ」と気づきました。それが39歳ごろだったと思います。

年配の男性も中学の友だちも私を変えようと思って言ったわけではありません。しかし、それからかなり時が経過して、私のほうに、それと気づく素地が育っていたのだと思います。というのも私は幸せになりたいと、ずっと思っていたからです。

## ◎自分が変われば、相手も変わる

あるとき、私どものイベントに一度参加された方が離婚することになり、自立したいと相談に来られました。以前は裕福な結婚生活を送っていらしたようで、「何をしたいですか」と尋ねたところ「パーティーです」とおっしゃるので、「パーティーは仕事じゃないですよね。取りあえず、何か仕事を探して働いてみましょうよ」とアドバイスしました。

彼女の素晴らしいところは素直なところで、「分かりました」といって、さっそく自分で仕事を見つけてきて働き始めました。それから私に頻繁にラインで相談するようになりました。

最初は、「女性の上司がきつい人で、みんな泣いているし、実際に多くの人が辞めていく。私もきつく当たられているけれど、どうしたらいいでしょう」というものでした。

そこで、私は「その上司が部下に何を求めているのかを一生懸命探ってみたらどうかしら?」、そして「もし、それが違っていて怒られたら、また考えてみたら?」とアドバイスしました。それを素直に繰り返しているうちに、上司の態度が変わってきたのだそうです。そして、「上司がやりがいのある仕事を与えてくれ、幼稚園の相談にものってくれるなど、働きやすくなった」と報告してきたのです。彼女が考えて努力した結果、自分も変わり、相手をも変えることができたわけです。

しかし、問題は、それが彼女に対する依怙贔屓になってしまったことで、別のやりにくさが生じてしまいました。結局、彼女はそこを辞めることになりました。せっかく働きやすくなったのになぜと思われるかもしれませんが、もうそのときの彼女はスキル的にも人間的にもレベルアップしたため、こういう上司のもとで働くことを潔しとしなかったからです。

### ◎変わるという強い気持ち

人はどうしたら変われるのか、私自身と会員の方の例からお話ししましたが、一にも二にもまず自分自身を知り、自分は変わるのだという強い気持ちを持つことが大事だと思います。私の場合は、「幸福になりたいとずっと思っているのに、なぜ幸福になれないのだろう」ということが大きな動機となりました。幸福になりたいというのは決して欲張りではありません。誰しも幸福を求める権利があるからです。

では、どうすれば人は幸福になれるのでしょうか。それには、今の不幸な状態を変えなければなりません。ということは、今の自分を変えなければいけないということです。それには、私の経験からも分かるように、多くの人と会ってたくさん話を聞くことが大事で、これは絶対にしたほうがいいと思います。他人は自分を映す鏡ですから、人との触れ合いを通して、今まで気がつかなかった本当の自分の姿が見えてきます。と同時に、自分が置かれている状況や社会の様子も分かってきます。

日本シングルマザー支援協会でも、ひとり親コンシェルジュや支援者になりたいとおっしゃる方が大勢いらっしゃいます。そういう方々に対しては、まず私たちが開催するイベントに時間がある限り参加してくださいと申し上げます。なぜかと言えば、シングルマザーの現状や社会情勢を知るとか、シングルマザーの方たちと直接触れ合うとか、またそれを支援する人たちの姿を実際に見るとか、そういう体験があって初めて支援活動もできると思うからです。

よく「私は駄目なんです」と言っている人がいますが、そこであきらめていては変われませんし、前にも進めません。本当に駄目だと思ったら「何が駄目なのか」「駄目でなくするためにはどうすればいいのか」を考えればいいのです。

それでも、どうしていいか分からなければ、人に助言を求めればいいのです。私は、そういう人たちをサポートするのが日本シングルマザー支援協会の役目だと思っていますから、本当に自分を変えたいと思っている人は、ぜひ協会にいらしていただきたいと思います。

私たちは、相談者に寄り添うことから始まって、具体的にどうしたら問題を解決できるかを一緒に考えます。解決まで3か月ほどですむ人もいれば、2年たってもなかなか効果がでず、未だに寄り添っている人もいます。それまでの人生の経過もありますから一概には言えませんが、素直な人のほうが早く効果が出るように思います。しかし、なかなか効果が出ない人にも、私たちはずっと寄り添います。

応援メッセージ 1

Matsumoto Kazumi

# 松本和巳

映画監督・演出家、ソーシャルイノベーター
一般社団法人シンプルライフ協会 代表理事

http://simplelife.love
http://mk.mba

## 「カワイソウ」からの脱却

江成さんとは3年前に、とある方のご紹介で知り合いました。

その後、２０１６年に行なった舞台公演に、普段は忙しくしていてエンタメに触れる機会が少ない協会のシングルマザー親子の皆さんをご招待しました。それが終わり、折よく映画を作らないかとの話が来て、即座にテーマとしてシングルマザーを選びました。

日本にはシングルマザーの映画はなかなかありません。そのため、皆シングルマザーについて誤解が多く「カワイソウ、カワイソウ」と言うだけになってしまうのと、差別・区別も現実にあるので、まずは知ってもらう必要があると思って、この映画「single mom 優しい家族。*」を作りました。

それというのは、この問題はシングルマザーの気持ちを理解しないと、社会が抱えている課題が見えてこず、解決に結びつかないからです。

実はシングルマザーに対しては、ただ「カワイソウ」と囲い込みの支援ではダメなのです。自分の足で歩める自立を手助けすることが大事なのです。

僕は父が多忙で、母の孤独な姿を見て育った。実は母子家庭だけではなく、配偶者がいるはずの既婚者でも孤独に陥るケースが多いのです。最初は他人事でも、実は誰もが直面しうる明日は我が身の問題なのです。

本当に大事なのは親子・夫婦・家族の絆がどれだけきちんとしているかということになるはずですが、社会では見た目の形を優先するからおかしくなるのです。そんな形骸化した家族の在り方ばかり見せつけられるから、若い人たちは嫌になってしまう。

生き方というのは人それぞれでよく、「こういう人もいる」「こういう生き方もある」というのを示してあげられればいいなと考えました。

また人間というのは、困っているときに一言声をかけてもらうだけで希望やきっかけを持つことが少なくないので、なるべくお話ししたいですね。

そして、経済も頭打ちになって、かつてのような高度成長は期待できず、少子高齢化が加速していく今、きちんとそれに向けた社会の基礎を作っていくことが必要です。そんな世のなかを変えていく力があるのは女性だと思っています。

江成さんはパワフル過ぎるくらいにパワフルな人で、むしろこっちが応援してほしいくらいです（笑）。

彼女の行動には計算高さがない。天然のままです。

なまじ変な風に気張って「私が～」などと言って政界進出なんかすると、勘違いが起こって離れる人も現れて活動自体が駄目になりかねない。

彼女の頑張りはこれ以上「頑張れ」と言うレベルではないのだし、むしろ今のままでいてくれたほうが、この活動はどんどん大きくなるでしょう。

どうか今後も今のまま、マイペースで活動してくれることを期待しています。

---

＊松本和巳監督の映画「single mom 優しい家族。」は２０１８年10月6日より全国でロードショー。

# ［第二章］なぜ家庭内戦争は起こるのか

## 男性からの離婚の要望が増えている

まず最初にお伝えしたいことは、今、子どもの教育が終わる40代、50代の男性から離婚の要望が増えているということです。「責任を果たしたよね？　これからは自分のことは自分でやってくれ」と切り捨てられてしまう女性が多いのです。女性のほうは自分が離婚をすることなど考えてもいませんし、まだ離婚は恥だと考えている人も多いので、一気に精神的、経済的不安を抱え込んでしまいます。

なぜ急に女性が三行半を突きつけられるようなことが起こるのでしょうか。今、私が夫婦関係で問題に思っているのはまさにそこです。しかし、その認知度は低く、そういうお話をすると、「え、そうなんですか？」と不審そうな顔をされてしまいます。日本シングルマザー支援協会でも、離婚して困っていると相談にみえるのはこういう人たちです。自分のほうから離婚している人は予め計画を立てているので、困っていないのです。

また、子どもがまだ幼い30代くらいの若い男性からの離婚も増えています。そういうご夫婦のお話を伺うと、私はご夫婦の会話に違和感を抱かざるをえません。というのも、どのご夫婦も夫が求めることと妻が求めることが大きく食い違っているからです。

例えば、子どもが5、6歳で、夫が「離婚してくれ。養育費はきちんと払うから」と言うと、妻は「あなたがそこまで言うなら離婚に応じます。でも子どもが中学を卒業するまで待って」と答えるわけです。男性は今離婚したいと言っているのに、なぜ女性は何年も先の話にしてしまうのでしょうか。理由を聞くと、多くの人が子どものためだと言います。本当に子どものためなのでしょうか。そこで「貴女に経済力があったら、どうしますか？」と重ねて尋ねると、多くの人が「今すぐ離婚したい」と答えるわけです。ということは、全く子どものためではないのです。

## 「子どものため」とはどういうことか

それでは、「子どものため」とはどういうことでしょうか。

まず子どもにとって最も幸せな家庭は何かと言えば、両親がラブラブなことです。それに代わるものはありません。「今日はお父さんとお母さんはデートするから、お留守番していてね」と言えるくらいラブラブなことです。それがなぜいいのかと言えば、子どもにとって両親の姿は将来の自分の夫婦像になるからです。親が子どものためにすることは、子どもに時間をかけることよりも、お父さんはお母さんを愛していて、お母さんはお父さんを大事にしているという姿を見せることです。ところが、夫婦仲が悪くて何年もろくに口を利かないような状態にもかかわらず、一緒にいることが子どものためだと思っている人が多いのです。離婚しないのが本当に子どものためなのか、今一度、考えてみる必要があると思います。

その次にいいのが、夫婦関係がうまくいかなくなったとき、別れてそれぞれの道を歩みだすということです。夫婦はしょせん男と女の関係ですから、当然うまくいかなくなることはあるわけです。そのとき自分たちの失敗を潔く認めて、お互いの幸せを願うという思いやりを示しながら話し合って、「それぞれ別の道を歩みましょう。お互いに頑張りましょうね」と言えることです。そこから子どもは何を学ぶかというと、失敗したら次を考えて方向転換ができるということと、自分の足で立って歩く勇気を学ぶわけです。

子どもに与える影響で一番悪いパターンが、子どものためにという欺瞞と離婚は恥だという世間的な体裁で、夫婦関係がどれほど悪くても離婚しないということです。ところが日本では離婚することは悪とされ、何が何でも離婚しないことが善とされているので、中身のない不毛な関係を続けている夫婦が多いのです。極端な例では、夫は別れてほしいと言っているのに妻は離婚を受け入れない、そうするうち夫に彼女ができる、それでも妻は離婚しない、という話も少なからず聞きます。

しかし、状況がここまで進んでしまったら、長引かせては自分も子どもも不幸になるばかりですから、思い切って離婚したほうがいいのではないでしょうか。もちろん私も離婚がいいとは思ってはいません。夫婦問題の究極的な解決策ではありますが、決して最初に離婚ありきではありません。

## 夫は妻を愛している。妻は？

「夫婦仲が悪くなってしまった、できれば離婚はしたくない」となれば、どうしたらいいでしょうか。別居婚？　家庭内別居？　いいえ、その前に夫婦関係を修復する努力をすることです。

私は夫婦がお互いに相手に対して、まずは与えることを考えるようにとよく言っているのですが、これは夫婦関係の修復にも非常に大切なことです。

私は企業の経営者など男性のお話を聞く機会も多いのですが、そこから感じるのは、男性は奥さんを愛しているということです。女性からは「主人を愛している」という言葉はあまり聞かないのですが、男性からは相手への思いが痛いほど伝わってきます。二言目には「うちの女房は……」という言葉が出てきますし、「最近、女房の機嫌が悪いのだが、どうしたらいいのかなあ」と聞かれることもあります。ところが、妻である女性のほうは夫の思いに気がつかない人が実に多いのです。当然、夫は「こんなに思っているのに、なぜ分かってくれないのだろう」となります。何年か、そういう状態が続くと、男性は諦めてしまい、気持ちが離れていってしまいます。

アメリカ映画などを見ていると、夫は妻に絶えず「愛している」と言っています。それに比べると日本の男性は愛情表現がうまいとはいえません。国民性の違いもありますから、日本の男性にそれを求めるのは酷でしょう。しかし、私はこうした夫婦間の齟齬に接するたびに、妻が夫の不器用な愛情表現に少しでも気づいてあげられたら、夫婦の関係もずいぶん違ってくるだろうなと思わずにいられません。

女性が男性からの不器用なアプローチに気づかないとしたら、どうすればいいのでしょうか。私は、女性が変われば全てが変わると思っていますから、夫婦関係でも女性が先に行動を起こして関係を変えることが得策だと思います。

なぜ男性からではなく女性からなのか。私もその点についていろいろ考えましたが、男性のほうから先に歩み寄って変わるのは難しいのではないかと思うようになりました。なぜかと言えば、男性は献身型ではないため、そうすることに苦痛を感じるからです。一方、女性は男性より人に尽くすことに幸福を感じる度合いが強いため苦痛を伴わないですむからです。それに、男性は女性より単純なところがありますから、女性から働きかけられれば喜びます。

夫に愛される女性になるよう努力することも大切です。なぜなら、夫に愛されているということは、妻にとっては非常に自己肯定感が上がることだからです。例えば、夫が珍しく気をきかせて洗濯物を畳んでくれたら、「あら、畳んでくれたの？　ありがとう」と感謝の気持ちを積極的に表すようにしましょう。この「ありがとう」というのは魔法の言葉で、相手を心地よくさせ、また聞きたくさせます。この場合も「ありがとう」と言われれば、またやってあげようと思うのではないでしょうか。

私は、「女性から先に変わればよい」と簡単に言いましたが、それまでの自分を変えることは自分との闘いですから容易なことではありません。しかし、誰の力も借りずに自分が主導してできることなので、成功して事態が好転すれば達成感もあります。女性がそのことに早く気づいて少しでも変わることができれば、夫婦関係の修復は可能だと思います。努力の結果、離婚になろうが元の鞘におさまろうが、それはどちらでもいいのです。女性が変わるということが重要なのです。

## 性格の不一致とは何か

日本の離婚の理由の第1位は何か、ご存知でしょうか。DV、浮気、借金などではなく、性格の不一致です。性格の不一致というと漠然としていますが、私は性格の不一致の背景には、お互いの役割がはっきりしていないことがあると思っています。夫と妻の役割がはっきりと決まっていた時代には、夫が貰ってくる給料で夫婦が協力して家庭という一つの社会をうまく運営していくことができました。例えば、男性が１００万円稼いでくるのであれば、その１００万円は奥さんも一緒に稼いでいるということで、それがいわゆる内助の功です。

ところが、最近、内助の功が評価されなくなっています。妻としては、本当は家庭内で夫を助けて貢献しているはずなのに、そのことに自信がもてなくなってしまうのです。家庭で満足を得られなくなった妻が社会進出をして稼ぐようになった結果、夫婦の役割分担が明確でなくなっているのです。そこで、１００万円をお互いがどう考えるかと言えば、夫は自分が家族を養っているという意識だけはあるけれど、妻が自分を助けてくれているという実感はありません。

一方、妻は自分も働いて貢献しているのに、夫はそれを認めようとしないと思うようになります。そこに夫婦間の対立が生まれたのです。そして、「俺はこんなに頑張っているのに」「私だって頑張っているでしょ」と、家庭のなかでどっちが頑張っているかの競争になってしまいます。

例えば、ご主人がお酒を飲んで帰ってきたとき、奥さんが「お酒なんて飲んで帰ってきて。今月は大変なのよ」と非難すれば、「いろいろストレスがあるんだ。たまにはいいだろう」「私だって仕事や家事で疲れているの」と言い争いになり、お互いを傷つけ合うことになります。私は、そういう場合、献身型である女性のほうから先に歩み寄って優しい言葉をかければいいのではないかと思います。「大変だったのね。お疲れさま」と言えば、うしろめたさを感じながら帰宅したご主人も「ごめん。遅くなって」となって、その場の空気も一気になごみます。それぐらいの出費は来月やりくりすればすむことです。女性にはそう言えるくらいの器量が絶対に必要で、それこそ女性に生来備わっている母性ではないかと思います。

しかし、言い争いをしているあいだは夫婦関係もまだ救いがあります。これが、コミュニケーションがうまくとれなくなってくると、夫婦の危機は強まります。よくメールから絵文字が消えると危ないといいますが、始めは「あなた、いつ帰ってくるの？♡」と甘いメールだったのが、「いつ帰ってくるの？」と切り口上になり、最後は「いつ帰っていらっしゃいますか？」と他人行儀の敬語になってしまいます。こうなると、夫婦関係もいよいよ暗礁に乗り上げたと言えるのかもしれません。

## なぜ家庭内戦争は起こるのか

なぜ、こういう状況が生まれたのでしょうか。これはまだ研究段階ですが、私は、やはり専業主婦というものができあがった高度成長期のときに、家族が隔離されて核家族になったからではないかと思っています。

自営業を営み多世代で住んでいたときは、女性も家庭内でそれなりに貢献できる仕事があり、単なる専業主婦というわけではありませんでした。ところが都市に団地なるものが現れ、サラリーマン家庭が増えて核家族化してくると、女性は家庭での多様な仕事の役割を失い専業主婦化します。そして、団地の密室で子育てをするようになっていきます。同時に、この時代から家電製品が揃ってきて、女性が家事に時間を取られることも少なくなり、子どもの人数も減って余裕時間が増えます。

時間ができると人間どうするかというと、余計なことを考えるのです。女性が保身的になり、自己肯定が失われていったのは、正にこの時点ではないかと私は想定しています。

一般的に、外で働いていると自己肯定感は必ず上がります。責任がある仕事ほど自己肯定感は高くなります。なぜなら仕事は成果が出やすく、評価も得やすいものだからです。そのため、男性は自己肯定感が極端に低くなることはありません。

自己肯定感が高い男性は女性に対して無意識にせよ優越感をもち、自己肯定感が低い女性は何となく見下されているように感じて劣等感を抱いてしまいます。私は、今、仕事をめぐるこうした状況が夫婦間の距離や家庭内戦争をもたらしているのではないかと思っています。

## 母性によって家庭内戦争を乗り越える

それでは、こうした夫婦の家庭内戦争を乗り越えるためにはどうしたらいいのでしょうか。「なぜ家庭内戦争は起こるのか」でも触れましたが、それは女性が本来もっている母性を発揮することではないかと思います。

うまくいっているご夫婦をみると、自分のほうが稼いでいても、ご主人を立てて「あなた、ありがとう」と感謝してご主人を持ち上げ、掌で転がしている奥さんが多いように思います。もちろん逆の場合もありますが、それは極めて少数で全体の1％ぐらいではないかと思います。そういう男性を求めても、女性は幸せにはなれません。なぜなら、それは男性に母性を求めるようなものだからです。

しかし、男性に母性はありませんから、それを求められると男性は重たいと感じて、逃げだしたくなるのです。男性にはない母性を持っているのが女性ですから、女性が母性で男性を分かってあげることが夫婦円満の近道だと思います。そういう意味で私は、女性は太陽で人を輝かせることができる存在、男性はその太陽によって輝かせてもらう月なのではないかと思います。

よく偉人の陰には母親や妻がいると言いますが、それは女性が大きな母性愛で包み込んで男性に力を与えたからだと思います。男性に力を与えられるのは女性が強くて賢いからではないでしょうか。

私は歴史が好きなので、歴史の本をよく読みますが、歴史に登場する女性にも偉大な母性を見ることができます。例えば、武家社会の女性は、ときにお家のために意に染まない結婚をし、子どもを産み、その子を領主として育て、夫の出世のために命を捧げることさえありました。武家社会はそういう女性がいたから成り立っていたのかもしれません。今の女性であれば、それを犠牲と言うかもしれませんが、夫や子どもを献身的に支えるということに喜びを感じ、生きる意義を見出していたわけで、本人は少しも犠牲だなどとは思っていなかったでしょう。私は、こうした母性こそ女性の強みであり、決して否定すべきものではないと思います。というより、今の時代にも強みにしなければならないと思っています。

## シングルマザーに備える

結婚したから経済的に楽になり、あくせく働かなくてすむからラッキーと思う人がいますが、果たしてそうでしょうか。最近は世帯年収も下がっていますし、離婚率も上がっていますし、考えたくはないですが、ご主人が亡くなる場合もありますから、どんな女性も、シングルマザーになる危険は常にあります。また、ご主人の会社の倒産や病気などでシングルマザーのような立場に置かれることも起こります。そうなったときに慌てないですむようにするためには、どうすればいいのでしょうか。

私は、結婚しているときから自分ひとりになってもやっていけるという精神的、実際的な備えをしておくことが必要だと考えています。そういう気持ちが少しでもある人は、ない人より結婚生活も確実にうまくいくとも思っています。それは災害に備えて予め水や食料をストックしておくようなもので、起こらないことを望みながらもリスク回避する方法はきちんと備えておくということです。

具体的にどうすればいいのかは個々人で考える必要があると思いますが、重要なのは家庭に入っても社会との接点を失わないということです。それにはなるべく多くの人と付き合い、アンテナを張り巡らせることが必要です。私は小さいときからよく本を読んでいましたが、読書も情報収集の一種として大いに役立ちます。

また、結婚するとき、事前にいろいろなことを話し合っておくことも大切ではないかと思っています。この点、アメリカなどは進んでいて、結婚するときに契約書のようなものを取り交わし、先々起こりうる問題について事前に取り決めていることもあるようです。日本には離婚を前提としたような取り決めはよくないという風潮がありますが、私は決してそんなことはないと思います。例えば、相続なども生前に決めるのは縁起でもないという考えがあるようですが、それを決めておかなかったために揉めたという話は嫌というほど耳にしています。離婚の場合も同様で、あらかじめ取り決めておけば、いざ離婚となったときにもお互いに争わずにすむのではないでしょうか。もちろん離婚しないですめば一番いいのですが、実際には争いが長く続いて、なかなか離婚できないというケースも少なくありません。万が一のときの備えとして日本にもあればいいのではないかと思っています。

## 女性の武器と男性の武器

私は夫婦間戦争を終戦に導くのは女性がもっている母性が大きいと思っていますが、母性を必要とするのは家庭だけではありません。

それは企業など社会のなかでも有効に機能します。例えば、会社に女性が何人かいるだけで、雰囲気はガラリと変わります。細かいところに目が行きますから雑然としていたオフィスがきれいになりますし、気配りもできますから、オフィスがなごみます。面白いことに男性もこぎれいになると言われます。私はこうした母性に基づく武器は社会でも大いに活用すべきではないかと思います。

そもそも男性と女性はなぜ存在するのでしょうか。もちろん大前提として子孫を残すために生物学的な違いが必要だということはあるでしょう。また原始時代、狩りに行って獲物を捕らえるのは男性の役割でした。一方、女性の役割は家にいて食事を作り、子どもを育てることでした。この関係が人間の長い歴史を支配してきたのです。今、そこに変化が生じていることが問題なのではないでしょうか。

なぜ、こういう男女の関係が支配的になったかと言えば、運動能力に優劣があったからではないでしょうか。男性は女性より筋肉が発達していて力持ちです。今でも力仕事は男性のほうが適しているでしょうから、男性の社長が女性社員の重い荷物を持ってあげるのも大いにありです。一方、細やかな気配り、目配りは女性特有のものです。例えば、今、配送業務では女性が注目されています。というのも、女性は重い荷物を運ぶことはできませんが、小さい荷物は女性のほうが扱いが丁寧なので歓迎されているのです。

このように、女性の強さは力持ちとは別のところにあります。

力だけではなく、男女の差はほかにもあります。男性は大所高所から物事を考えるのが得意で、一つのことに集中すると力を発揮します。女性は身近なところからの発想に優れ、一度にいろいろな仕事をこなすことができます。それができるのは、女性が日ごろから家庭のなかで同時に幾つもの仕事をこなしながら暮らしているからではないでしょうか。

つまり男性はマクロ的、女性はミクロ的と言うことができますが、これを企業内の仕事に例えてみると、男性が大きなプロジェクトをグイグイ率いるとすれば、女性は細部に目を配り、万事に漏れがないようにするということになります。そういう協力体制が築ければ、男性、女性のみならず企業にとってもメリットとなり、三者の満足も得られるのではないでしょうか。

また、私の見るところ、男性は仕事に出世欲、名誉欲、金銭欲を求めるようなところがあるように思いますが、女性は仕事に役立つことや人から感謝されることに喜びを感じます。もちろん、これが全ての男性、女性に当てはまるわけではありませんが、こうした男女の違いを認識することは重要です。

次のエピソードには、そんな男女の違いがよく表れているのではないでしょうか。あるとき、私どもの会員のひとりが「主人が部長になるように打診されたのに、何か理由をつけて断ってしまったらしいの。それで、私、怒ったのだけれど……」と話したところ、女性たちから「そうよ。なぜ断ったのかしら？　私だって許せない」と一斉に声が上がりました。そこで、私が「あなた自身が部長になるように言われたらどうする？」と聞いたら、ほとんど全員が「断ります！」と答えたのです。大笑いになりましたが、多くの女性の本音だろうなと思いました。

## 社会で女性が活躍するために

**◎企業の立場から**

このように、男性には男性の、女性には女性の武器があります。私は、それぞれがその能力を発揮すれば、企業も社会も活性化するのではないかと思っているのです。

この著書のなかで、私はたびたび「女性が変われば……」と言ってきました。しかし、女性だけが変わればいいと思っているわけではありません。男性にも企業にも変わってほしいと思い、実際に働きかけています。

例えば、私は企業のトップの方にお会いしたとき、こうした男女の違いをお話しして、「男坂だけではなく、女坂も設けてください」と申し上げます。

山や高い所にある神社仏閣では、急峻で一気に登る「男坂」と、なだらかでゆっくりと登る「女坂」が設けられていることがありますが、どちらから上っても頂上に到達することができます。それと同じで、企業にも女坂があれば、育児中は無理のないペースで仕事を続けることができるので、働きやすくなり、女性も頂上を目指すことができるのではないかと思っています。こうした体制づくりは企業側に用意していただかなければならないので、企業の意識の変革が必要だと思っています。

**◎男性の立場から**

それでは、私たちが男性に求める変化は何でしょう。

現在、企業のなかで働く男性も厳しい状況に置かれているように思います。例えば、40代後半の部長が関連企業に出向させられ、「1年間いて、よければそちらにいてください。戻す予定はありませんから」と言われ、一晩で髪が真っ白になったという話も聞きます。一人ひとりの仕事の負担も増えています。そのため、男性は疲弊しているのです。仕事で手いっぱいで疲れて帰ってきますから、家庭サービスもままなりません。そういう状態は本人はもちろんのこと、妻子にとっても不幸なことで、家庭内戦争の原因にもなります。

これは、企業の問題でもあり、改革するのはなかなか難しい問題ですが、私は企業に女性が入ることで、かなり緩和されるのではないかと思っています。

## ◎女性の立場から

また、女性の意識の変革も必要です。

例えば、仕事に出かけていって、「君、可愛いね」と言われたとか「私、どこへ行っても男性に声をかけられてしまうんです」ということで、満足してしまう人がいます。社会に出ると男性が多いこともあり、「仕事相手」というより「女性」として見られてしまうことも少なくありません。その時に、相手がどうであれ、自分自身は「仕事相手」として見る意識が必要です。この場合、女性は仕事には関係のない偽りの満足で自己を肯定してしまうと、仕事での成果を出しにくくなります。仕事ができなかったということは脇に押しやられてしまいます。

女性が仕事をしようとするなら、このような女の武器は捨てなければなりません。実際、このような女性が自分に気づいて自分を変えたことにより、劇的に変化して仕事ができる人になった例もあります。

また、シングルマザーが元気を取り戻すことも必要です。それまでの専業主婦がシングルマザーになると、結婚に失敗したことや仕事をしたことがないこともあって、自信喪失状態になってしまいます。「私は駄目な人」「私にはできない」と思いこんでいますから、就活で面接に行っても、どうしても弱気になってしまいます。自分を積極的にアピールできませんから、やる気がないと思われ、採用されません。すると落ちたことで、また自信を喪失するという悪循環に陥ってしまいます。

しかし、１年間、私どもの勉強会「働き方教育」に参加していただいて、見違えるように元気になった方が大勢います。勉強会では、「社会性を養い、仕組みを知る」「能力を上げ、収入を上げる」「自分を知る」という三つのテーマに基づいて学んでいただきます。すると、これまで自分でも気づかなかった自分の能力を発見し、社会の仕組みを知ることで、自信が出てきます。

ここで学んだある方は「もう〝できない〟という言葉は浮かんできません」と力強くおっしゃいました。元気をなくしているシングルマザーは負のスパイラルに陥り、一人ではなかなか元気を取り戻すことはできません。周りに相談できる方がいれば相談してみることも必要です。

このように、女性が社会進出をして仕事をしようとする場合、企業、男性、女性に三者三様の問題があり、簡単にはいきません。しかし、私は、企業社会が既婚、シングルマザーを問わず、女性を受け入れてくれることが重要だと考えています。そのため、私は、日本シングルマザー支援協会の活動を通して、女性と企業の橋渡しをし、女性を元気にしたいと思っているのです。

応援メッセージ 2

Yamazaki Hideto

# 山崎秀人

グリットグループホールディングス株式会社
代表取締役

https://gritgroup.co.jp/

## ネガティブから
## ポジティブへの旗手

「女性の活躍」というとすぐに「男性に挑んでいる」と言われてしまいますが、それは確実に勘違いであり間違っていると思います。

社会のこと、男性のことを理解して活動ができる女性を増やすことで「役に立つ女性」を増やすことは男性にとってもメリットになるばかりでなく、社会全体のメリットとなります。

今は社会全体であらゆることの「潮目が今変わる時代」と私は感じています。そのなかで、男尊女卑の日本社会の抱える問題として、シングルマザーが十字架を抱えるネガティブイメージを持たれていることは否定できず、そのイメージの払拭が必要です。

最近は江成さんの活躍などがあり、女

性、特にシングルマザーなどへの期待が高まっていますが、ただ「何かで活用できる」「働いてもらおう」ということではなく、価値ある場での参加が必要とされていると思っています。

今現在はまだまだシングルマザーに対して傍観・様子見の状態も見られますが、社会は急激に変わり始めています。会社と個人の関係性でも、かつて（20～30年前）のように、いつまでも家族のようにいてくれるわけではなくなっているなかで、シングルマザーにスポットライトが当たっているのも当然と言えば当然です。「女性は社会進出しましょう、女性活躍で輝く社会」と声高に言われているなかで、彼女たちが立ち上がるときに、自分たちは手を差しのべる存在であればいいと思います。

社会的な整備は必ず必要で、日本でも均等法による法的整備はなされましたが、まだおっかなびっくりといった状態です。しかし、かつてのように、専業主婦が理想的な最終型とは言い切れなくなっている今、女性が力をつけて働けるようになれば国の力になり、首都圏から主婦だろうがシングルマザーだろうが、社会進出した際に整備をしている会社とそうでない会社とでは人材活用の点で違いが出るでしょう。

これは福祉よりは経済の問題で、ある代議士はシングルマザーに対してたくさんの保護とお金を出すなんて言っていますが、そうではなく、むしろちょっとしたところで社会に役立つ人材を我々で出せれば楽しいですし、新たなビジネスモデルを確立することもできるわけです。

2年前に支援事業を始めたときは今よりネガティブイメージが強かったのですが、江成さんのようにあのタイミングで世のなかに「シングルマザーは自立できる」と自信を持って言える存在というのは我々のみならず社会にとっても大いなるメリットです。

ただ、シングルマザーたちは腫れ物に触るようにハンディを持った人々という見方をされるせいか、「自らが世帯主である」という意識がないことが多く、それぞれに事情がありますから、皆がキャリア・ウーマンのように働けるわけではありません。男性が気を遣いすぎてそれを踏まえたアドバイスをしてあげられないなかで、江成さんのように具体的なアドバイスができる存在は貴重です。

個々のシングルマザーの具体的な状況が変わっていることを把握できれば求人マーケットが変わってくるし、新たなビジネスモデルを確立することができれば、将来的にはシングルマザー・サポートなどの中から強豪集団も出てくるでしょう。

自立の仕方は各々で違っていてよく、バリバリする必要もなければ、隔離された孤独なものでもなくなっています。その点でも、シングルマザー・サポートという会社が掲げているテーマを当事者に噛みしめてもらいたいです。

# ［第三章］ 子どもに背中を見せる母親に

## 子どもは親の背中を見て育つ

私はこれまで多くのお母さんと接してきましたが、そこから発見したことがあります。それは、お子さんを見るとお母さんのことが分かるということです。お母さんがどれほど体裁をつくろっていても、お子さんの物言いや振る舞いで「あ、今、お母さんは自分をよく見せようとしているな」ということが見えてしまうのです。ということは、お母さんの生き様や心情が見事なくらい子どもに反映されているということです。

例えば、シングルマザーが「うちはお父さんがいないから貧乏なのよね」と嘆いてばかりいたら子どもはどう思うでしょうか。「ぼくは不幸なんだ」と引け目を感じるようになります。反対に貧しくても「今日の卵かけご飯、おいしいね」といって明るくしていると、子どももマイナス思考に陥ることはありません。

また、よく「子どもが病気をしやすいので、私は働けません」というお母さんがいます。確かに喘息持ちや虚弱体質であったりすることもあるので一概には言えませんが、お母さんから負の要素ばかり受け取っていると、子どもも熱を出したり怪我をしやすくなったりします。不思議なことに、いつも元気で前向きなお母さんの子どもは、あまり病気をしないものなのです。

母親が生き生きと働く姿勢を見せることも大切です。収入が高かろうが低かろうが、やりがいをもって一生懸命働いていれば、そういう母親の姿を見て、子どもも大人になって働くことは楽しいに違いないと期待感でワクワクするでしょうし、早く大人になってお母さんみたいに生き生きと働きたいと思うようになるでしょう。

よく「子どもは親の背中を見て育つ」と言いますが、背中を見せるということは、そうしたお母さんの生きざまを見せることなのです。そのためには「自分がどう生きるか」という軸をもっていなければなりません。子どもはそういうお母さんの背中を見て何かを読み取りながら自己を確立していくわけです。

それは必ずしもお母さんに同調するばかりではないでしょう。「僕だったら、そうしないな」と反面教師の役割もあります。

ところが、今は、子どもと正面から向き合ってしまうお母さんが実に多いのです。向き合ってしまうと、どういうことが起こるかといえば、「あれしなさい」「これしなさい」「それはダメでしょ」というように、「べき」を押しつける子育てになってしまいます。するとまだまっさらな子どもは親の言いなりになり、自分の意見を何も持たなくなってしまうのです。慣れてしまえば、そのほうが楽だからです。

その結果、自立が妨げられ、社会に出てもなかなか適応できない大人になります。しかもお母さんが自分の前だけを見せていると、子どもはお母さんの動向や顔色を窺うようにもなってしまいます。もし、自分が子どもと向き合ってしまっていると気がついたら、子どものために勇気を振り絞って、背中を向けるということにシフトさせることが必要ではないでしょうか。

## 子どもにお留守番をさせられるか

皆さんはお子さんにお留守番させられますか？

私ごとになりますが、私の次女が五女に子ども二人を預けて3日間、北海道旅行に行ったときのことです。たまたま私もその場に居合わせたのですが、5歳の子が3日目ぐらいに「ママ、ママ、ママ～、いつ帰ってくるの？　ママ～」と泣き出しました。しかし、5歳にもなれば言葉の意味は分かります。そこで「今日はママ、帰ってこないのよ。どんなに泣いても喚いても帰ってこないの。だから今はいくら泣いても無駄よ。でも明日になったら帰ってくるから、泣かないで待っていなさい」と言ったところ、「ふぇ〜ん……。そっか、分かった」と納得しました。

もちろん年齢にもよりますが、子どもはきちんと話せば分かるのです。どんなに泣いても問題は解決しないということが。ですから「うるさい！」とか「静かにしなさい！」とか言って黙らせるのではなく、一人前の人間として対処することが大事ではないでしょうか。それが子育てだと思います。

また私どものある会員の方の例ですが、仕事で出張しなければならなくなったので、子どもにある程度のお金を渡してお留守番をさせたそうです。初めてだったので心配したようですが、帰ってみると「置いていってくれたお金は節約したよ。余った分をお小遣いとして貯めたかったので」と報告したそうです。子どもは親が思っているより、ずっとたくましいと思ったそうです。

また、子どもが何かしようとすると、危ないからと言ってやらせず、先回りして何もかもやってしまうお母さんがいます。しかし、子どもはいろいろとやりたがるものです。

特に女の子はおしゃまなので、ドライヤーを持ってきて髪を乾かすとか、包丁を使って野菜を切るとか、お母さんの真似をしたがります。そういうとき「危ないからダメ」と言ってしまっては、せっかくの好奇心ややる気を損なってしまいます。危ないと思っても頭ごなしに禁止するのではなく、そっと横目で見守りながら、やらせてみることが大切です。

このように、子どもに何もやらせないお母さんによくみられるタイプが完璧主義です。子どもは失敗しながら学んでいきますから、最初から完璧にはできません。ところが、完璧主義のお母さんはそれが気になって、つい手を出してしまいます。要するに、自分が完璧でありたいがために子どもにも完璧を強いているのです。

しかし、完璧とは何だろうかと考えてみると、万人にとっての完璧というものなど存在しないのです。要するに、自分が満足する完璧でしかないのです。それを押し付けられる子どもはたまったものではなく、苦痛を感じるだけになってしまいます。

それに完璧主義の人は型にこだわる傾向があります。朝は誰よりも早く起きて、身仕度を整え、子どもを起こして、ご飯をしっかり食べさせ、家をピカピカに磨いて、クッキーを焼いて子どもの帰りを待つというように。

決して、それが悪いというわけではなく、生活のリズムをつくるうえでは大変いいことです。しかし、それが過ぎると、家を汚したら怒られるとか、本当は駄菓子を食べたいのに許されないとか、子どもは窮屈さを感じてしまいます。

実際には、完璧を目指しつつもできないというお母さんがほとんどだとは思いますが、完璧を求めるお母さんのもとで苦しんでいる子どもがいることも事実です。

## 子どもの人生イコール自分の人生に

子育てというのは、いかに子どもの自立心を育て、社会で役に立つ大人にするかということに尽きると思います。そのためには、自分だけで子どもを抱え込まず、多くの人と関わりをもてる環境を与えることが大事です。ところが、今、それが大変欠けているように思います。

いつごろからそうなってしまったのかと考えてみると、繰り返しになりますが高度経済成長期ではないかと思います。

この時代、男性は外でがむしゃらに働いて家庭を顧みる余裕がなくなり、他方で女性は家事労働が簡単になって時間の余裕ができて、家庭のなかでひたすら子どもに向き合うことになったのです。

そこに学歴社会が加わり、子育てがすっかり変わってしまいました。子育ての目的が、自立心を育てることではなく、よい高校に行き、いい大学に入り、一流企業に就職することになってしまいました。それがお母さんのステイタスにもなったのです。つまり、子どもの人生イコールお母さんの人生になってしまったのです。

例えば、ご主人はエリート街道をまっしぐらというような場合、お母さんのタスクは子どもを父親と同じエリートに育てるということになります。自分の成果は子どもの成功しかないので、絶対に失敗はできません。お弁当を作って塾の送り迎えをし、子どもにひたすら勉強をさせるという体制が組まれます。成績が良いことがその子の価値になります。

それで成功すればいいのですが、そこまで自分の人生をかけてやったにも関わらず子どもが思うような成果を上げてくれないとなると、子どもを否定するようなことも起こります。つまり無償の愛であるはずが制限つきの愛になってしまうのです。

そうやって育った子どもたちが大人になり、社会に出たときにどうなるかと言えば、学歴だけはあるけれど自分でものを考えられない指示待ち人間になってしまうのです。

今、そういう人たちが中心になって社会を動かしているため、社会のさまざまなところにひずみが出てきているのではないかと思います。それを解消するためには、子育てを変えなければなりません。子育てを変えるためには、母親が変わらなければなりません。つまり、問題の中心には常に母親がいるということです。

私は本来、女性は社会のなかでさまざまなタスクをこなすことができる存在だと思っています。ところが、女性が家庭にこもってしまったことで、タスクがひたすら子どもに向かってしまい、全てがおかしくなってしまいました。

しかし、幸いなことに、ここにきて男性一人の収入では家族を養うのが大変な時代になってきました。働きたい女性にとっては正に好機到来です。本来もっているたくさんのタスクをこなせる能力をフル活用して、社会に出て自分の場所をもち、大いに働くことができるようになりました

## 子どもが自立しないと、お母さんは働けない

それでは、お母さんが社会に出て、生き生きと活動するためには、どうすればいいのでしょうか。それには、まず子どもが自立していなければなりません。というのも子どもが自分のことを自分でできるようにならないと、お母さんは社会に出られないからです。それでは子どもを自立させるためにはどうすればいいのでしょうか。

それにはまず子どもを抱え込まないことです。まず子どもが他の大人と触れ合う機会をつくりましょう。保育園や学童保育に入れたり、近所の人に面倒を見てもらったり、子どもが親とは別の世界をつくれるようにしてあげることです。そうすれば、子どもの世界も広がり、さまざまな付き合いを通して自分軸もつくれます。

次にすることは、子どもを自立させることです。そのためには、小さいときから自分のことは自分でできるようにすることです。もちろん年齢による成長段階がありますから、できることも違ってきます。

例えば、１歳だと人のおもちゃが欲しければ、奪い取ってしまいますが、２歳ぐらい

になると、人におもちゃを貸してあげると喜ばれるということが経験として分かってきます。そういう発達段階を見極めながら、できることをやらせるようにします。

4歳ともなれば、自分の茶碗を流しに持っていくことぐらいはできるでしょうし、7歳になったら洗えます。お母さんとすれば、自分でやったほうがよほど早いわけですから、かえって手間暇がかかってしまいます。しかし、こういう手間暇は絶対に必要で、そうしなければ子どもを自立させることも自分が働きに出ることもできません。

ところが、今は子どもに手をかけすぎるお母さんが多いのではないでしょうか。例えば、子どもが忘れ物をすると、必死になって届けます。しかし、忘れ物をしたら子どもは先生に怒られるでしょうし、自分も困ります。

実際にそういうことを体験させるのも大切な教育です。最近は朝寝坊して遅刻するのは親の責任になっているようですが、私は起こすことはしませんでした。起きないのは本人が悪いのだと思っていましたから。

しかし、中学生になっても高校生になっても「うちの子はこれができないんですよ。だから、そばにいてあげないと心配で」といって、いつも子どものそばにいて、何もかもやってあげるお母さんが多いのです。

それが高じると、就職も親の言いなり、社会人になっても「今日は休みます」と親が会社に電話をしてくるようなことになるのです。

よく「子どもがいるので働けません」というお母さんがいますが、それは働けなくなるような子育てをしているということです。子どもを思っているようでいて、実は子どもも自分もスポイルしているのです。

特にシングルマザーの場合は、子どもがいるからという理由で働きに出ない家庭というのは必ず貧困化します。お母さんが働かないまま、子どもが16歳になったとき、子どもは何というかと言えば、「お母さん、ずっと家にいてくれて、ありがとう」ではなく、「どうして家にはお金がないの?」です。

確かに家に帰ってもお母さんがいなければ、子どもは寂しい思いをするでしょう。しかし、子どもは成長すると、そういうことは忘れてしまうものです。それより「私立に行きたいの?　お母さん、頑張って働いたから行けるよ」と言ってくれるほうが、子どもはずっと嬉しいものなのです。

私が日本シングルマザー支援協会で大勢のお母さん方からお話を伺って経験的に分かったことは、働いていないシングルマザーの家庭では、子どもが高校生になるころにお金の悩みが出てくるということです。その根底には、お母さんが働けないような子育てをしているという問題が横たわっているように思います。

## はなちゃんのみそ汁

『はなちゃんのみそ汁』という映画はご存知でしょうか。33歳の若さで亡くなったお母さんが、5歳の娘にみそ汁の作り方を教えるという実話に基づいた作品です。

お母さんは自分の死を前にして、自分が死んだあとの子どものことを一生懸命考えたのだと思います。その結果、食の基本であるみそ汁の作り方を教えようと。そこでダシの取り方から始まって具材を切る包丁の使い方、味噌の溶かし方まで、本格的なみそ汁づくりを徹底的に教えこみました。

みそ汁づくりは幼い娘のなかに大事なレシピとして刻み込まれ、その後ずっとお母さんが教えてくれたとおりにみそ汁をつくり続けているそうです。娘さんがお母さんから得たものはみそ汁づくりだけではないことはお分かりでしょう。みそ汁づくりを通して、自立の精神を教えたのです。私はこの映画を見て、これこそ本当の教育、究極の教育だと思いました。

この話とは逆に、今、私が懸念しているのが学生にアルバイトをさせない親が増えているということです。学生のアルバイトは、社会に出る前に社会について学ぶ絶好の機会です。しかも厳しい責任を取らされることもなく、たとえ酔っぱらって昼まで寝てしまったとしても、アルバイト学生だからということで大目に見てもらえます。しかし、そうした体験を通して、「こういうことをしたら、会社に迷惑がかかる」とか「こういうことをしたら許されない」ということを確実に学びます。お金を貰ってこのような体験ができるのは学生時代だけです。

私の娘はアルバイトがしたくて、高校生になったその足で、アルバイトをみつけてきました。そのとき、面接官に聞かれたそうです。「お母さんの許可は得られますか?」と。と言うことは、本人はよくても親は反対とケースが多いということです。このように、最近の親は、アルバイトは学生の本分ではないからと許さず、子どもも親から小遣いをもらって遊んで過ごすという傾向がみられます。もったいないことだと思います。そういう経験を経ないで、いきなり社会に出ると、社会人としての自覚がないとか、責任をとりきれないとか、簡単に挫折してしまうとかいうことが起こるのではないでしょうか。それが高じた結果、30代、40代、50代の引きこもりの問題になるのではないかと思っています。おそらく、その年代になるまでは親が家で子どもの面倒を見ていたのでしょう。ところが、親も70代をこえて老いや死を意識するようになって、子どもの行く末が心配になり、何とかしなければと必死になるのではないかと思います。

しかし、その年齢の人を教育するというのは大変難しいことなのです。私は、こうした話を聞くと、幼少時から手を抜くことなく、自立のための教育をほどこすことがどれほど大切かと思わずにはいられません。

## 親の不幸は子どもの不幸

私は過去一度だけ高校で講演したことがありますが、そのときのことです。

私が「皆さん、お母さん、お父さんから愛情をいっぱい受けていますよね」、「ときどき愛情表現が下手な親がいるかもしれませんが、愛情を受けていると感じるでしょう？」と何気なく問いかけたところ、かなり多くの生徒さんが「私を育てているのが苦しそうです」、「私がいないほうが楽なのではないかと思います」、「だから、私は結婚したいと思いません」という答えが返ってきたのです。私が講演中、あれほど驚いたのは後にも先にもその一回限りですが、その子どもたちの親が私と同世代だったこともあって、衝撃を受けました。

なぜ子どもがそう思うのかを考えてみると、ここにも親、特にお母さんの姿勢が見えてきます。子どもからみると、親が少しも楽しそうではない、生きる喜びを感じているようには思えないということがあるのではないでしょうか。そういうお母さんに接していれば、上に述べたような反応が出てくるのも当然でしょう。しかもお母さんだけに育てられれば、お母さんのようになってしまうのです。

親の不幸が子どもに連鎖して子どもも不幸になる。こうした負の連鎖を断ち切って、親子ともに生き生きとした幸福な人生を送るためにはどうすればいいのでしょうか。

第一章、第二章でも述べましたが、そのためにはお母さんが変わることです。お母さんが変わればすべてが変わると言いましたが、一番変わるのは子育てです。

負の連鎖が長く続くと、そこから抜け出すのが難しくなりますから、できるだけ早くそこから抜け出すことが必要です。というのも女性も50代ぐらいになると、「今から変われと言われても……」とか「これまでの自分を否定されているみたいで……」ということで、なかなか動きだせないということがあります。私は、40代、50代の女性の自立が難しいのも、このあたりにあるのではないかと思っています。

そうはいっても、第二章でも述べたように、40代、50代の離婚が増えていますから、50代であろうと変わらなければならない事態も起こります。幸い、女性は、大所高所から物事を見ようとする男性よりもごく身近なところで物事をとらえることが得意です。

まず自分の置かれた場所をよく観察してみましょう。少し視点をずらすことで不幸が不幸でなくなる場合もあるでしょう。しかし、もっと根の深い不幸の場合は現状を変える必要があります。そのためにはまず女性自身が変わらなければなりません。

私は、何をするにしても、人間の感じる幸福というのは結局のところ「役に立つ」ということにしかないように思います。私どもが提唱している「働き方教育」も正にそこで、自分が何をすれば喜びを感じるのか、どういうところなら役に立てるのか、についてよく話し合い、その人に相応しい場を探します。それは家庭でも地域でも会社でもよく、人によってその場は違ってくるでしょう。

しかし、一番てっとり早いのは社会に出て働くことです。というのも、仕事は社会貢献度が高いので、自分が役に立っているという満足感も得られやすいからです。しかも成果がはっきりしていて、それが評価や金銭的な報酬につながることで喜びも得られます。仕事をしている限り、それをずっと継続していくことができます。

こう述べると、いいことずくめのようですが、もちろん仕事をしていれば、肉体的にきついこともありますし、精神的に思い悩むこともあるでしょう。自分の好きなことばかりできるわけではなく、意に染まないこともしなければならないときもあります。そもそも自分の好きなことだけをやれる人生などまずありません。あったとしてもごく稀でしょう。しかし苦労して、それを乗り越えたときの喜びはまた格別ではないでしょうか。

こうしてお母さんが仕事なりボランティアなり主婦業なり、自分がやりたいことをみつけ、人の役に立つことで幸福を感じて、生き生きと毎日を過ごす姿を子どもに見せることが一番大事ではないでしょうか。

## 母と子のいい関係とは

親が子どもの成長を見守るとき、よく「這えば立て、立てば歩けの親心」ということが言われます。子どもが成長するにつれ、さまざまな能力を獲得していく姿を見るのは楽しいものです。親も最初のうちは無事に生まれてきただけでうれしく、「健康に育ってくれれば言うことはありません」などと謙虚に感謝します。

ところが、長ずるにつけ、「こうなってほしい」「あれができるようになってほしい」と欲が出てきます。そのためにお稽古や塾に通わせるようになります。確かに、子どもの能力を高めることは必要ですし、いろいろなことができれば、将来の選択肢も広がるでしょう。ピアノやヴァイオリンが上手、数学や英語が得意なことも大いに結構です。

しかし、そういうことに特化するあまり、お箸をうまく使えない、挨拶の一つもできない、わがまま放題というのでは困ります。また、親が子どもに強制的に何かをやらせるというのも考えものです。

よく自分がやれなかったことを子どもにやらせようとする親がいますが、それは親の夢を子どもでかなえようとするもので、決して子ども自身の夢ではありません。もちろんうまくいく場合もありますが、それはたまたま親子で夢が一致した稀なケースでしょう。成功した人のお話を聞くと、決して子どもに強制したわけではなく、子どもがやりたがったのでやらせましたと言います。

子どもと大人の関係というのは、圧倒的に大人が有利な立場にありますから、親が権力を振るえば、子どもはなかなか抵抗できません。子どもには年代に応じた反抗期があり、子どもの成長過程の一つと捉えられていますが、それは親に対する警鐘でもあるように思います。

もう一度、子どもが生まれたときのことを思い出してみましょう。無事で元気に生まれてきてくれただけでうれしかったのではないでしょうか。それは無条件の愛だったはずです。それがいつから制限つき、条件つきで愛情を与えるようになってしまったのでしょうか。

親が子どもにかける言葉は「いい成績を取ろうね」とか「いい大学に入ろうね」ではなく、「生まれてきてくれて、ありがとう」しかありません。子どもは自分が生まれてきただけでお母さんが幸せなのだということが分かれば、子どもの自己肯定は大変上がります。

私の子どもたちは、私が「生まれてきてくれて、ありがとう」と言っているうちに、「産んでくれて、ありがとう」と返してくれるようになりました。私にとっては最高の言葉です。

応援メッセージ 3

Arai Masaya

# 荒井雅也

母子家庭財団理事長
株式会社ミューズストーリー代表取締役

https://www.boshi-foundation.jp/

## 矜持と行動力を原点に

---

江成さんを知ったのは２０１７年の３月ころでした。

当時、株式会社ミューズストーリーを設立し、その証を残したくなり、シングルマザー支援関係の組織を検索で探しました。ＨＰでその活動内容を見て、ポケットマネーから１万円を寄付しました。

１年後に会社が急激に大きくなって共同事業をすることになるとは想像もできない時期でした。

私が小学５年生のときに両親が離婚しました。その後、シングルマザーになった母が私たち４人兄弟を女手一つで育てました。いわゆる母子家庭です。中学生のころ、私はいつか母親のようなシングルマザーを助ける事業をしようと考えるようになりました。

大学時代には、起業し、女性の起業や在宅ワークの支援、斡旋はしましたが、当然ながら大して儲からずバイトのお金を運転資金にしたものの、1年も経たずに会社を畳みました。

その時代は政府や自治体関連組織、福祉や慈善の業界の腐り具合をよく見る時期でもありました。社会起業家なるものを目指していたからです。

あえて率直に言わせていただきます。その間に見たものは醜いことが多かった。自分に甘い、能力を磨く気がない、身銭を切る気は一切ない、税金を当然のように無駄にする、奉仕している自分に自己陶酔する、いつも自分の生活を優先する、そういう人達ばかり見ることになりました。ごくまれに良い方に出会うと「君は若いんだからこんな先のない世界に来ない方がいいよ」と言われる始末です。

そこで、私は確実な財政基盤を作って新しい社会事業をやろうと決意しました。こうしてビジネスの世界で腕を磨く時代が始まります。ようやく会社も軌道に乗ってきた2018年、私はシングルマザーの支援事業開始の機が熟したと判断しました。とはいってもシングルマザー支援のノウハウがまるでありません。

最終目標は「自信と誇り」、「他人の心を理解する能力」を持ってもらうことですが、独身で子どももいない自分には難しいことでした。

そこで、提携先を探すことにし、まず思い出したのは江成さんの日本シングルマザー支援協会です。最初にお会いしたのは中目黒のカフェで、予想外に小柄な女性がピンと背筋を伸ばしてカツカツと歩いて来ました。

そのときの話し合いからあとは、もうなにも言う必要がありませんでした。江成さんに全託することに決めました。

特に「自立」「自信」「独立」という部分、心が変わらなければならない。甘い言葉でなく、厳しい行動によって。経済的な支援は人の精神を腐らせる。こういった部分がわかる方はまずいませんでした。

「同情するなら金を出せ」、有名な言葉です。「何かのためになることをしたい」と言う人は実に多くいます。しかし、「ではあなたはいくら寄付しますか？」と問われたとき１００円も出さない人が大半です。江成さんは正反対でした。

江成さんはこんな儲からない事業をしなければ、いまごろ高収入で六本木にマンション買って優雅に暮らしているとよく思います。とかく優秀な人は立身出世して上流層の仲間入りをして貴族に成りたがりますが、江成さんはここでも正反対です。

実際に江成さんは暑くても寒くても、３６５日働き続けてます。それを支える原動力は誇りや矜持といったものでしょう。

江成さんは、二宮尊徳とマザー・テレサを合体させて2で割った女性です。欠点のない完璧な人だとは言いません。しかし、この程度で終わってよい人では決してありません。

# ［第四章］女性が社会で輝くために

# 30代が50代の人生を決める

日本シングルマザー支援協会で、私が相談者にどういうお話をしているか、ご紹介したいと思います。私どもが相談を受けて最初にすることは、まず相談者からじっくりお話を伺うことです。その方がどういう状況に置かれているか、どういうことに関心をもっているか、どういうことをやりたいのか、一番困っていることは何かを明らかにしていきます。

例えば、その方が現在35歳で5歳の子どもを抱えていて、年収が２００万円だとします。その場合、「今は何とか暮らせても、子どもが就学すると教育費もかかるから苦しくなりますよね。この１年で、子どももお留守番できるようにして自立させるようにしましょう。そうすれば、おかあさんも働きやすくなりますから、４年後ぐらいに年収を２００万から３００〜３５０万アップを目指して頑張りましょう」と相談者に将来図を意識していただきます。そして、「子どもが中学に上がるころには年収が４００万円ぐらいになり、それ以上は上がらなかったとしても、50歳で子育てが終ったとき、あなたはどうしますか?」とお聞きすると、「えっ、50歳で年収400万円? 何でもできそうな気がします」とうれしそうにおっしゃいます。

相談にみえる方というのは、自分では解決できない問題を抱えて前が見えなくなっているわけですから、このように具体的にシミュレーションをしてあげないと、なかなか未来像が描けないのです。「年収200万円しかない。どうしよう」と思っているのと、「私、50歳になったら楽になるわ」と思っているのでは、日々の生活も全く違ってきます。そういう目標が描ければ、あとは明るいゴールに向かって、一つずつできることを積み重ねていけばいいわけです。私たちは、このようにして人に寄り添い、支援活動をしているのです。

しかし、30代のとき、どうしたらよいか分からず年収200万円のまま何もせずに過ごしてしまうと、50代になって児童扶養手当が打ち切られたりして、たちまちお金に困ってしまいます。子どもにも「塾に行きたいの? 大丈夫よ」、「私立? 好きな大学に行けるわよ」とは言えません。そのため親子関係が悪くなるかもしれません。こうなると、もはや現状改革は難しくなります。

要するに、30代をどう過ごすかで50代の人生が決まってしまうのです。これは能力の問題ではなく、自分の人生を改善しようという意識を持つか持たないかです。私は、一人でも多くの女性が早くこのことに気づいて、30代を有意義に生きてほしいと思っているのです。

## ひとり親コンシェルジュ

日本シングルマザー支援協会では、シングルマザーに限らず多くの女性からの相談にのっていますが、それを担うのがひとり親コンシェルジュ制度です。ひとり親コンシェルジュは、まず私どもで「ひとり親コンシェルジュ認定講座」を受けていただきます。相談者に寄り添い、相談者の問題を掘り起こし、どうすれば問題を解決して明るい未来を目指せるかを相談者と一緒に考えながら指導するスキルを学んでいただきます。講習を受けてすでに実務に携わっていらっしゃる方もいますが、２０１８年の終わりまでに、３００人を養成する予定で、その後も続けていきます。その人たちのための指導用のパンフレットも作成しており、現在、相談にみえた方にも必ず１冊お渡しししています。

コンシェルジュは相談者と話しながら、まず相談者が抱いている不安は何かを見つけます。ふつう相談者が抱えている不安の種は一つではありませんから、不安の強いものから5～1まで段階的にチェックしていきます。例えば、収入が5、将来の不安が5、現在の雇用形態が4、教育費が5、しつけが3、子どもとの関係が2、友人関係が2、進路が5、親との関係が2、キャリアが4、再婚が1、恋愛が1、体調が3、老後が5、というように、さまざまな項目に点数をつけてもらいます。それを見て、相談者の本当の悩みや問題が何かを探っていきます。

先の例では収入、将来の不安、進路、教育費、老後が5で、キャリア、現在の雇用形態が4ですが、これらはすべてお金がらみです。その結果、相談者は直接お金が不安とは言っていませんが、アンケートを見れば、お金の問題が一番大きいということが分かります。

そこで、「これを読み解くと、あなたの不安の根源はお金ですね。あなたの場合は転職して、収入を上げることが大事なのではないでしょうか」と言うと、相談者も「本当ですね。その通りだと思います」となり、それまで本人にもはっきりとは見えていなかった問題の核心が明らかになります。

逆に、子どもとの関係やしつけ、友人関係などに5がつく人の場合は、お金よりもコミュニケーションや人間関係に問題があることが分かります。そこで、「子どものころ、親にどういう風に育てられましたか？」とか「お母さんはどういう人でした？」と質問すると、「厳しくしつけられました」とか「母が強い人で、言いなりでした」という答えが返ってきます。こういう方は、転職しても人間関係につまずいて辞めることが多いので、「お母さんから『べき』で育てられたのね。でも本当は、あなたは何をしたいの？」と、自分の考えを話してもらい、「人に縛られることなく、自由にすればいいのだ」という意識を持っていただくようにします。

人は不安を抱いたままだと、なかなか動きだせませんから、まず不安を解消することが最初の一歩です。それができたら、今度は明確な時間軸をつくって具体的なイメージを描き、「マイ・リライフはこうなるのよ」とシミュレーションをお見せします。すると、気持ちが高揚してきて、やる気が起きてきます。これをひとり4回、1回1時間半という形で行なっています。日本シングルマザー支援協会では、このような相談を経て、ステップアップにつなげた人が何人もいます。そのうちお二人の例をご紹介しましょう。

## 泣きながら相談にみえたAさん

Aさんは工場勤務をしていましたが、首を切られたといって泣きながら相談にみえました。いろいろお話を聞いたところ、お父さまが居酒屋を経営されていて、Aさんも若いときにお店を手伝っていたとのこと。そこで「お店ではどんなことをしていたの？」と伺うと、それこそ商品の発注からアルバイトの管理まで、実に幅広い仕事をこなしていたことが分かりました。就職を急いでいましたので、以前、私が勤めていた会社に急遽、紹介しました。Aさんは現在、そこでマーチャンダイザーとして働いていますが、今でもいろいろ報告をしてきてくれます。

それによると、「今の職場に出会い、固定給になったおかげで貯金ができるようになりました。精神面でも安定して、子どもにも優しくなった気がします」とうれしそうです。また、「いろいろ悩むことが多かった時期もありましたが、一人で悩まず日本シングルマザー支援協会に相談したことで、今の自分があると思っています。動きだすまでは焦りと不安でいっぱいでした」とのことでしたが、踏みだしたあとは「やれば出来るのね」とおっしゃっています。もちろんマーチャンダイザーの仕事は簡単ではないので、当然、悩みもあると思いますが、給料は上がるし、大企業だし、満足しているのではないでしょうか。

## 文句ばかり言っていたBさん

Bさんは大学で介護士の免許を取得していましたが、途中で嫌になって辞めてしまい、私たちが会ったころは保育施設で働いていました。保育士の資格がないため薄給に甘んじていたせいか、文句ばかり言っていました。そのBさんが、もう一度、介護施設で働きたいとのことで相談にみえました。求人広告を出したところ、介護の仕事がすぐ決まりました。さっそく埼玉に引っ越し、念願の車も手に入れました。Bさん自身も母子家庭で育ちましたが、お母さんが働いて、Bさんを大学まで出してくれたそうです。そんなお母さんをBさんは尊敬していて、お母さんが自分にしてくれたように子どもにもしてやりたいと思っていましたが、収入が低いためできませんでした。そこで、転職を考えたわけです。それがうまくいって、収入も上がり、仕事でも認められています。

それでは今、Bさんは満足しているかといえば、そうではありません。もっと年収を上げたいので、ここでやるべきことをして、次にステップアップしようと思っているからです。しかし、文句はいっさい言わなくなりました。

そんなBさんの姿をみて、お母さんが横浜から埼玉に引っ越してきて、「この子が小学校に上がったら、私が面倒を見てあげるから、あなたはもっと働きなさい」と励ましてくれたそうです。Bさんも将来はお母さんの面倒を自分で見ることを視野に、年収500万ぐらいは欲しいと意欲的なのです。今、私どもでBさんの営業職への転職をサポートしています。幸い、とてもいい条件で大手を含め2社が候補に上がっていて、どちらがいいか迷っているところです。

このように、結果が出てくると、「できません」としか言わなかった人も、文句ばかり言っていた人も、全く変わってしまいます。仕事がうまくいって収入が上がると、自信がついてくるのだと思います。しかし、就職がうまくいっても仕事というのは一筋縄ではいきません。いろいろな悩みやトラブルが生じます。私生活でも何も起こらないということは稀で、いろいろな問題も起こります。そこで、私どもでは、「就職が決まりました。あとはうまくやってください」というのではなく、そのあとも必要に応じて、ずっと寄り添うようにしています。ですから、何か問題が生じたときも、一人で悩まないで協会に来ていただきたいと思っています。皆の知恵を集めて考えれば、問題解決も早まりますから。私自身、相談するところもないまま、何もわからずに試行錯誤でやってきましたから、シングルマザーの苦労はよく分かります。私が現在行っていることは、全て私自身が苦労して、体験から学んだことなのです。

## 常に現状から学び、次に生かす

私がシングルマザーになって、お金を稼ぐにはどうしたらいいかを考えたとき、最初は朝から晩まで長時間働くことしか思いつきませんでした。時給1000円だったら、3時間より5時間、5時間より10時間働いたほうが給料がいいという発想です。

そこで、私は実働10時間、休み1時間で、がむしゃらに働きました。しかも一つではなく二つの仕事を掛け持ちしました。朝、普通に仕事に行って、帰りに保育園に子どもを迎えに行き、家に帰ってその子を「お姉ちゃん、お願いね」と上の子に預けて、夜また仕事に出かけます。十分なお金を稼げたわけではありませんが、一応生活は成り立ちました。

しかし、あるとき、「まだ若いからいいけれど、この先これを続けていたら死んでしまう」ということに気がつきました。そこで、他に方法はないかと一生懸命考えて思いついたのが「時給1000円の仕事をするのではなく、時給1500円の仕事をすればいいのではないか」ということです。時給が高い仕事は何だろうと必死に考えた結果、また営業職に辿り着いたわけです。

私は日本生命の保険の外交員の仕事をしていて、指導員にもなり、営業職は経験がありました。しかし、一度だけ営業の仕事で失敗しているのです。それが、1セット100万円の学習教材を訪問販売する仕事だったのですが、うまくいかず、1か月で辞めていることです。しかし、ここでテレアポをたくさんこなしてコツを学ぶことができ、それが次の職場で役立つことになったのです。

次はダスキンの営業だったのですが、そこでまた学ぶことができました。何を学んだかといえば、市場の動向や消費者の心理です。つまり、100万円の商品を売るのは大変だけれど、誰もが知っている大きな会社が単価1000円未満の商品を、最初はお試しで使ってもらうということなので、お客さんは安心して扉を開けてくれるわけです。

しかもテレアポの経験から、「お試しで、よろしくお願いします」、「今日、回収です。よろしくお願いします」と電話口で話すだけで、契約するか契約しないか、だいたい分かりました。契約しないと思った場合は無駄を省きたいので、「玄関の外に置いといてください」とお願いして、長々と商品説明はしません。契約内容で悩んでいるようでしたら、「皆さんには、こういう契約を結んでいただいていますが、それでよろしいでしょうか」と少しお手伝いをしてさしあげると、だいたい「それでいいです」とおっしゃいます。

私なりの営業のノウハウをつかんだ結果、ナンバーワンになりました。私が、ナンバーワンになれたのは、どうしたら売り上げを伸ばすことができるか、お客さまとはどう接すればいいのか、毎日ノウハウを考えたからです。どんな仕事からも学べることはありますから、常に学びとろうとする姿勢が大事だと思います。たとえ、そのとき失敗したとしても必ず次の仕事で生きてきます。

## 必要不可欠な存在になる

次に私が勤めたのは三菱ケミカル・クリンスイという会社で、浄水器を販売する仕事の派遣社員でした。私は大学を出ていないので、高学歴の男性たちのなかで、どうしたら頭角を現せるか、考えました。その結果、男性たちが「どうしても私を使いたい」と思うような必要不可欠な存在になろうと思いました。それには子どもたちの協力が必要です。

一番下は小学生、上は18歳でしたが、「お母さん、しばらく家の仕事はしないから、代わりにみんなで頑張ってね。お姉ちゃん、お願いね」と協力を頼みました。

会社では言われたことは何でもしました。嫌だと言ったことはありません。私がいないと仕事が回らないと上司が思うようになれば、私は首にならないと考えたわけです。私はそれを1年かけて実践しました。すると、後輩が「江成さんは、なぜそんなに信用されているのですか?」「そんなことされたら、私たちもやらなくてはいけなくなるから、困ります」と文句をつけてきたのです。そこでまた「こういう女性になってはいけない」と学ぶわけです。

頑張った結果、2年目で役職がつき、3年も経つと、上司が私に相談するようになったのです。しかし、辞めるときは少し苦労しました。私が辞職を申しでたところ、「辞められたら、仕事が回らなくなるから辞めないでくれ」と、派遣会社まで巻き込んで懇願されました。

私どもの協会でも「こんな扱いを受けて辛いので、もう辞めたい」とか「仕事がきついので辞めて、もう少し楽な仕事に転職したい」と言う人がいます。そういう人に対しては、私は「辞めては駄目」と言います。それに対して「辞めたくて仕方ないのですが、あなたが必要だから辞めては駄目だと引き止められて困っています」という人には「辞めてもいい」と言います。なぜかと言えば、会社に不満があって辞める人は次の会社でも必ず不満が出ます。一方、引き止められても辞めたという人は、次のステップに進むときが来たということです。辞め方にも良い辞め方と悪い辞め方があるのではないでしょうか。

私は、三菱レイヨン・クリンスイには40～45歳まで5年間勤めましたが、多くのことを学びました。一つは組織についてです。三菱レイヨン・クリンスイ（現・三菱ケミカル・クリンスイ）は大手の流通メーカーでしたが、組織も大きくなると、社会の縮図のようなところがあります。そこに身を置いて、いろいろなことを体験したおかげで、社会がどういう仕組みになっていていて何を求めているのか、組織はどのようにして成り立ち機能しているのかを知ることができました。

二つ目は流通についてです。物が売られていく過程、メーカーと問屋との関係、消費者のニーズなど、あらゆることを貪欲に学びました。私はクリンスイではラウンダーだったのですが、自分一人の仕事も与えられていて、企業向けのセミナーとか社員研修などもしていました。そこから人に話をする楽しさを知り、コーチングを学び始めたわけです。

三つ目は人間関係です。組織のなかの複雑な人間関係や仕事仲間との感情的なもつれをどう解決していけばいいのか、やり過ごせばいいのかということも学びました。

小さいことを挙げれば切りがありませんが、このときのさまざまな経験が、今現在、私がしている仕事にすべて結びついています。もちろん、そのときに今を想定していたわけではありませんが、振り返ってみると、学んだことで無駄なことは何ひとつなかったということがよく分かります。

私は大学を出ていませんし、高校も中退しています。あとで通信教育を受けて、高卒の資格だけは取りました。就職する場合も大学卒の枠には入れないので、実社会に飛び込んで頑張るしかありませんでした。真面目に勉強して、よい大学に入れる環境があるなら、そのほうが選択肢も広がるので、楽だろうと思います。だからといって、そのことで悩んだり悔んだりしたことはありません。そもそも学歴がないので、学歴と言う意識がなかったのだと思います。意識するとすれば、学歴より職歴で勝負しようと思ったという感じでしょうか。すると、「日本生命でこうやって働いていたんだね」、「ダスキンではこういう仕事をしていたんだね」「では三菱ケミカルでも採用しよう」となったわけです。

今、三菱ケミカル・クリンスイは私どものお客さま、パートナー企業です。それを思うと、大変感慨深いものがあります。

## 女性が輝く社会に

私は5人の子どもを抱えてシングルマザーになりましたが、子どもたちの成長に応じて転職を繰り返し、ステップアップを図ってきました。一番下の娘が小学校に上がったのは私が39歳のときでしたが、それまでに250万円だった年収を400万円以上までにしました。ようやく経済的な基盤が整い、完全ではありませんが、子どもたちも5人合わせて自立できるようになりました。そこで私は、40歳を目前にして、これからは24時間、自分の人間力を高めるために使おうと思ったのです。その結果が、45歳での日本シングルマザー支援協会の立ち上げで、私が学んできたノウハウを皆さんに伝えられたらと考えたわけです。私自身は相談するところもなかったので、自分で気づく以外ありませんでした。そのため試行錯誤の連続で、時間もかかりました。

しかし、私どもで開発したノウハウを利用していただけば、ずっと効率よく物事を進めることができ、成果も上げやすくなります。

現在、日本にはシングルマザー世帯は150万人にも上ります。そのうちの半数は貧困世帯で、年収は180～200万円です。私はこれを年収300万円まで持っていきたいと考えています。しかし、まだまだ課題がいっぱいです。

残念ながら、まだ日本社会ではシングルマザーのみならず女性が働くということに関して寛容さに欠け、さまざまな偏見や勘違いもあります。実際のところ、35歳を過ぎると求人は急激に減ります。しかし、考えてほしいのは、女性の子育てが終わるのは40代で、35歳以下はほぼありません。それを35歳で区切ってしまい、40代の女性を仕事から締め出してしまっては、社会や企業にとっても大きな損失ではないでしょうか。

この世代の女性はたとえ専業主婦であっても経験豊富です。右へ行けと言えば左に行くという厄介な子どもの扱いに通じ、近所付き合いやサークル及びボランティア活動などを介して、コミュニケーション能力も培っています。さまざまな経験を積んでいるので適応能力が高く、幅広いタスクをこなすことができます。体力も知力も気力も充実しています。そして、60歳まで働くとしても20年、65歳までなら25年、勤務年数が70歳まで延びれば30年も働けます。相当な戦力になるのではないでしょうか。私は、女性が置かれている、このような理不尽な状況を変えたいと思っています。

それでは女性自身はどうなのでしょうか。私が多くの女性と接した経験では、まだまだ女性自身の自覚が足りないように思います。「私なんて駄目だわ」「私のことを分かってくれる人なんていないわ」とはじめから自虐的な諦めムードに支配されているところがあります。例えば、シングルマザーの場合、最初から自分で稼ぐことを諦めて、パートぐらいでお茶を濁し、社会保証が許す範囲で生活することに甘んじてしまいます。

また、若いとき、男性に伍して仕事をしていた人でも、20代の若い人でも、いったん家庭に入ると、改めて社会に出るのが怖くなってしまいます。社会から受け入れてもらえないのではないか、社会から取り残されてしまったのではないかという恐怖です。

私は、こうした人たちの意識を変え、恐怖を取り除き、生き生きと社会で羽ばたく女性になってほしいのです。

男性にも変わってもらう必要があります。女性が子育てと仕事を両立させるためには、男性の協力は欠かせません。最近イクメンと言われて子育てに従事する男性も増えてきましたが、それがニュースになるあいだはまだ浸透していないということでしょう。家庭のなかで役割分担がはっきりしているほうが問題はなかったと言いましたが、今や現状にそぐわなくなっています。ただでさえ労働人口が減少しているわけですから、男性も労働荷重になり疲弊しています。女性がそこに入れば、場が柔らかくなり男性もいやされるのではないでしょうか。その意味でも男性も女性が社会で活躍できるようにサポートすべきだと思います。

また、離婚した場合も子どもに対する責任をきちんと果たす覚悟が必要です。日本の場合は、離婚しても慰謝料は極めて少なく、子どもの養育費も払われない場合も多いようです。このあたりも男性の自覚が求められるのではないでしょうか。

こうして考えてくると、一朝一夕には解決できないことも多く、果たして日本シングルマザー支援協会に何ができるのだろうと思わないではありません。しかし、こういう状態が続けば、社会全体が疲弊していき、人手不足の問題も解決しません。特に、35歳で求人募集が切られてしまうことは絶対になくさなければいけないと思っています。私たちは、たとえ小さくても、そこに風穴が開けられればと思っているのです。

応援メッセージ 4

Watanabe Miki

# 渡邉美樹

ワタミグループ 創業者
公益財団法人みんなの夢をかなえる会 代表理事
自由民主党参議院議員
http://www.minnanoyume.org/

## 夢に「他人の幸せ」を重ねよう

私は、江成さんが主宰するシングルマザーを対象にしたビジネスコンテスト『シングルマザー・パワードリーム』で審査委員長をやらせていただきました。『シングルマザー・パワードリーム』では、シングルマザーの皆さんが「アトピーやアレルギーを持った人たちに笑顔になってほしい」「お母さんが自分らしい子育てをできるよう支援したい」「自分手帳で自立を支援したい」「シングルマザー・ホームステイハウスで人生の幅を広げたい」と、自らの夢を力強く語ってくれました。

江成さんのブログにはこんな言葉が並んでいます。「収入が低くて生活が苦しい。自信がなくて動けない。そんなシングルマザーの心に寄り添い、働く・子育て・暮らしを応援しながら、シングルマザーの年収を300万円へ！」。
江成さん、そして『シングルマザー・パワードリーム』で発表されたシングルマザーの皆さんに共通していること。それは、自らの夢に「他人の幸せ」を重ねていることです。

24歳で社長になると決めていた私は、22歳（大学4年生）のときに北半球一周旅行に出ました。旅行の目的は、何の事業で起業するかを決めることでした。さまざまな国々を訪れて感じたことは、「世界はなんて差別や偏見に満ちているんだ」という絶望感です。しかし、最後に訪れたニューヨークで、その絶望は希望に変わりました。

---

ニューヨークのあるライブハウスで、とても素敵な光景を目にしたのです。そこでは、肌の色が何色であろうが、主義・主張・宗教が何であろうが、お金持ちでも貧乏でも、男でも女でも、美味しい料理を食べながら、いい雰囲気のなか、いいサービスを受けて、好きな人と時間を共にして、誰もが最高の笑顔を浮かべていたのです。私は涙が止まりませんでした。その瞬間、私の夢＝ワタミグループの経営目的が生まれました。「一人でも多くのお客様にあらゆる出会いふれあいの場と安らぎの空間を提供すること」。
私が10歳のとき、父が会社を清算し、家は一気に貧乏になりました。ですから私は「将来、社長になる。社長になって、

お金持ちになる」と決心したのです。そんな私の社長になる目的が、「お金持ちになりたい」から「一人でも多くのお客様にあらゆる出会いふれあいの場と安らぎの空間を提供したい」に変化したのです。

そして26歳のときに、「会社の繁栄、社員の幸福、関連会社・取引会社の繁栄、新しき文化の創造、人類社会の発展、人類の幸福への貢献」という新たなミッションが生まれました。まさに、私の欲が「小我」から「大我」へ切り替わった瞬間であり、これらのミッションがのちのワタミの快進撃の原動力になったのです。

人は誰でも自分が大切であり、マザー・テレサのように自分の欲をゼロにすることはなかなかできません。でも、自らの夢に「他人の幸せ」を重ねることが、人生においてもビジネスにおいても成功するカギだと私は思っています。

江成さんのように、あるいは『シングルマザー・パワードリーム』で発表されたシングルマザーの皆さんのように、すべての女性に「夢」を持っていただきたい。そして、その夢に「他人の幸せ」を重ねていただきたい。

一人ひとりの女性が夢を持ち、夢を追いかける。そして、夢を追いかける過程で、多くの人から「ありがとう」を集め、女性として輝く人生を送っていただきたいと願っております。

応援
メッセージ 5

Saito Tatsuya

# 斉藤たつや

横浜市会議員

https://saitotatsuya.com/

## 全国初の取り組みを
## 共同作業

平成30年2月28日。

「横浜市では、ひとり親家庭の支援に取り組む各種団体・企業と〝ひとり親家庭の自立支援に関する提携協定〟を結び、連携強化の取り組みを進めていくことにしました。」

全国で初めて、行政と民間の業務提携を結んだのが、ほかならぬ江成道子氏（一般社団法人日本シングルマザー支援協会代表）である。

ひとり親家庭、特にシングルマザーの精神的、経済的自立のための協会を立ち上げて5年、江成氏の一つの目標がここに結実したといっていいだろう。

私が横浜市会議員として4期目のテーマの一つが「女性が輝いて働ける社会」。

そして私の事務所に江成氏が訪れたのは、平成29年9月のことである。

強い信念を持つ女性で、ご自身の経験から協会を立ち上げた経緯を含め、圧倒されるほどのパワーを持っている方だと感じた。特に私自身が女性のために何が必要か、女性が輝ける社会とは何か、などをテーマとして模索していた状態であったため、話し合いは限りなくスムーズに進んだ。

江成氏が求めていたのは、シングルマザーがまず訪れる行政窓口の対応であった。現在ほとんどのシングルマザーが、児童手当や生活保護を紹介され、自立の意思を伝えたところで、ハローワークや保育園の手続き方法を伝えられる程度にとどまってしまうようだ。


これは、行政側に「シングルマザーは社会的弱者であり保護や援助を必要としている」という固定観念が定着してしまっているからと考えられる。

しかしこれでは、社会的に自立を目指している女性たちのやる気を削ぐばかりであり、ひいては、社会保障費の増大にもつながってしまう。

これは同時に私自身の課題認識と合致しており、江成氏との話し合いを重ねるなかで、何としてもこのプロジェクトを完成させたいという思いが強くなっていった。

そこで、支援の必要なシングルマザーを行政が支えることに加えて、自立独り立ちのサポートを必要とするシングルマザーを窓口でしっかり受け止めて、民間団体の協力につなげる仕組み「コンシェルジュ制度」を考えた。

窓口からコンシェルジュにつながり、相談者の自立したい、安定した職を得たいという希望が叶うことは、これまでのように支援を必要とする相談者に対して、行政の職務を妨げることにはならない。シングルマザー個々人の必要に沿った対応が可能になるということである。

日本で初めてとなったこの横浜市との協定は、行政にとっても民間にとっても、全く新しい価値観と仕組みであり、私が本格的に取り組んだ半年間、関係者の理解を得るための困難が伴ったことも言い添えたい。

しかし、課題を掴み、善後策を考え、理解者を増やし、行政と民間と市民とをつなぐことが議員の大きな役割であると考える私にとって、まさに議員冥利に尽きる仕事であった。

現在、この業務提携は隣の相模原市へと波及し、さらに大阪市でも開始し、多くの自治体へと広がりを見せている。

私の4期に及ぶ議員人生にとって、この案件に関わった平成29年9月は、忘れられない日々となっていくであろう。そしてこの経験は、これからも江成氏をはじめ、多くの女性の方々を支援していく私の原動力となっていくであろう。

男女が共に社会との関わりのなかで自分らしく生きる環境づくりに、この先も力を尽くしていきたい。

# ［第五章］

# 働き方教育——その方法と実践

## 女性の活躍を成功させるための四つの課題

平成30年6月に働き方改革関連法が成立した。

この新しい法を、女性が子育てをしながらも働きやすい社会づくりに活用したいと考えた。私なりに読み解いていくなかで、この法をマイナスに捉えるのではなく、プラスに捉えられるように伝えていき、女性の働き方に影響を与えるきっかけにするよう、日本シングルマザー支援協会では「働き方教育」を打ち出した。

協会ではメルマガやイベントを通して、シングルマザーのためになる情報を伝え、気づきにつながればと啓蒙活動をしている。しかし啓蒙には残念ながら限界がある。本人の意識に依存するところがあり、働きたい、稼ぎたい、社会復帰したいと考えていても気づきには至らない場合は伝えることができなかった。

方法さえ分かれば自立できるシングルマザーが、ひとりでも多く自分の望む自立を果たせるようにと考えるなかで、「働き方教育」が生まれた。働く女性、働きだそうとする女性が「働き方教育」を知ることで、社会・組織で生きていくうえで〝楽〟でいられることを学ぶ場をつくった。

日本シングルマザー支援協会では、女性が社会で活躍するために解決しなければならない課題を、①子育てをしながらも働きやすい環境の整備、②子育てとの両立への無理解の払拭、③女性の社会性の欠如、④女性の職業選択の意識改革、の四つとし、社会全体で解決することを次の二つ、①子育てをしながらも働きやすい環境整備、②子育てとの両立への無理解の払拭、とし、女性自身が解決することを次の二つ、③女性の社会性の欠如、④女性の職業選択の意識改革、としている。

ひとつずつ見ていくと、

①子育てをしながらも働きやすい環境の整備は、企業と行政を中心とした社会全体で考えていくことであり、保育園の設立、企業就労規則の変更など、働き方改革の推進となるハード面である。

②子育てとの両立への不理解の払拭は、主には男性の意識改革である。

シングルマザーの自立支援活動をしていると、女性活躍の表面的なハードルは男性の意識だと感じることが多い。「男が外で働き、女性が家庭を守る」という意識が50代以上の男性に未だに根強く残っている。50代以下の男性でも母親が専業主婦だった場合はこの傾向が強い。男性本人が、働くモチベーションとして家族を養うという大義名分を持っている場合が驚くほど多い。それが悪いことだと言っているわけではなく、昭和まではそれで社会は回っていたが、今の社会が抱える課題を解決するためには、女性も経済力を持つことが必須となる。しかし男性側の働くモチベーションが家族を養うことにある以上、妻を働かせたくないという意識が強く、女性が経済力を持つことが難しくなっている。

男性経営者のなかには、会社では女性に活躍してもらいたいが、「うちの女房はそんなんじゃないんです」と、外で働けるような女じゃないと言う方が驚くほど多い。どこかで口裏を合わせているのかと感じるほど、同じ言葉を聞く機会があった。また、そのような環境下にいる女性の意識が「男性が働いて稼いでくるのが当たり前」となっていることが多く、女性が行動を起こさなければならない女性活躍にとっての本質的なハードルとなっている。

そして③女性の社会性の欠如ですが、社会とは言い方を変えるといわゆる男性社会のことで、ほぼ男性の意識でつくられている。働き続けていれば自然とそのなかで生きる術を学ぶが、家庭に入っている、もしくはパート程度の社会との関わりでは、男性社会がどういうものかを学ぶ機会がない。女性と男性は脳の仕組みから違うため、男性社会では当たり前とされる対応が、家庭に長くいた女性にはできず、結果、能力が低いと誤解され、責任のある仕事を任せてもらえないという事態にもなる。

ここで一番問題となるのは、女性自身も何が悪かったのか分からないまま過ぎていくことである。男性にとっての「当り前」と女性にとっての「当り前」は違う。しかし、お互いに「当たり前」と思っているので疑問に思うこともないため、確認作業もしない。

日本人が玄関で靴を脱ぐときに、「脱いだほうがいいですか?」とは確認しない。しかし、外国の方で靴を脱ぐ文化がなければ、靴を履いたまま上がろうとするかもしれない。そのときには、「脱いでください」と伝えるだろう。知らないだろうと想像できれば、確認をすることができるが、知っているだろうと勝手に決めつけていると、それは不快な行動と映る。当たり前と思われていることの違いから誤解が生じている。

このようなことが繰り返される環境のなかで、女性は自己否定を受けたと感じることが多くなり、社会に対して恐怖心を抱くようになる。恐怖心を抱くと挙動不審と取られる行動をとることも増えていき、相手に与える印象があまりよくないことが続くと、徐々に自信がなくなり、社会には「やる気のない人」と映り、面接なども通りにくくなる。この悪循環に本人が気づくことはない。なぜなら社会が分からないから。

この悪循環により社会に恐怖心を持っている女性が多いので、それを回避するために家庭と仕事の両立を考え、責任の低い仕事を選択する傾向が女性にはある。それが④女性の職業選択の意識改革にもつながる要因であると言える。

④女性の職業選択の意識改革とは、女性の社会性の欠如から生まれることでもあるが、①の環境整備、②の男性の意識ともつながる。生まれてからずっとこのような環境や意識のなかで育つことによって、女性には経済力を持つ必要性が育たない。そのままいければ問題は全くないが、男性の所得が減っているなどの要因から、そのままいけないケースが増えている。これからは女性も経済力を持つことが自分自身のリスクヘッジであり、あるいは家庭のなかでのリスクヘッジにもなることなので、今まで以上に経済力を持つことを求められる機会が増えている。

それが顕著に表れているのが離婚時である。

昨今、男性からの離婚が急激に増えている。主に専業主婦あるいはパート程度の仕事を持つ経済力を持たない女性が対象のケースが多い。この理由として想定できるのは、女性の社会性の欠如により、夫婦間の意思の疎通が難しくなっていることが一因だと感じている。社会全体として所得が減っているが、家庭にいる妻にとっては「自分の家」だけが所得が減っている気がしてしまう。ＳＮＳなどにより表面的にあらわれた部分だけが切り取られ目につくことが多いので、夫を責めてしまうケースも少なくない。しかし、夫にしてみれば個人的努力で解決できる問題でもないため、徐々に男性側が疲れてしまうのは否めない。

その結果が残念ながら女性に回ってきているのを切実に感じている。また、経済力を持つ女性の場合は、男性から離婚を突きつけられたとしても、心の辛さはあるが、生活には大きく影響しないため、大きな悩みには至らない。

④職業選択の意識改革がなぜ必要か？

このような状況になったときでも、子どもを中心とした、主婦目線の仕事を選択してしまうことに疑問を持たない。しかし、時の経過とともに経済的に苦しくなり、悩みが増えていく。これを防ぐには、「世帯主としての自覚」が必要となる。自分が世帯主だと自覚を持つことにより、どれくらいの収入が必要かが見えてくることになり、仕事選びも変化していく。

全体的には①は環境整備というハード面となり、②～④は意識改革というソフト面となる。

「働き方教育」は、③と④の女性の意識改革というソフト面の解決策となる。

## 女性から始める

「働き方教育」には三つの学びがある。

・社会性を学び、組織を知る
・生産性の上げ方を知る
・自分を知る

働き方教育とは、子育てと仕事の両立のしやすい社会をつくるなかで、社会や環境に責任を転嫁するのではなく、女性が子どもへの愛情を持つものとして自ら責任を果たしていく。そのように女性が変化していくことで、両立のしやすい社会ができていくという考え方である。

日本シングルマザー支援協会は、社会全体で取り組まなければいけない課題が多いことを理解したうえで、女性自身の課題を先に解決する方法を選択している。

このような考えに至ったのは、スピードの問題からである。先に述べたように表面的な女性活躍のハードルは男性の意識だと言ったが、その男性が社会の多くを占めている以上、解決策が浮かぶことはほぼない。常に解決とは程遠い方法論が出てくるばかりで、実際に動かなければならない女性の心を打つことはない。そのように女性の活躍が進まないなかで、経済力を持たない女性が突然の離婚や夫との死別などにより苦境に立たされる事例は増えている。そして、そこで育つ子どもの未来も閉ざされていく。子どもには男の子も女の子もいるので、男性の未来も閉ざされていくということになる。

10歳の子どもは10年経つと20歳となる。10年遅れることで、子どもは大人になってしまう。

実際に若者の貧困もすでに課題になっている。なぜ子どもたちは社会での活躍の方法を学ぶ機会がなかったのか？　母親が知らなかったからだということも一因だと考えてもよいと思う。

社会全体の課題解決を待っていても、子どもの未来はよくならない。ならば女性の意識から変化をさせたほうが解決のスピードは速まり、未来が閉ざされる人は減ることになる。

女性の意識改革を始めれば、女性が経済力を持つようになり、数年で世帯年収も上がり、女性の責任者も増えることだろう。シングルマザーの50％以上が貧困と言われているが、シングルマザーの貧困率も下がる可能性が高い。現在のシングルマザーの平均年収は200万円となっているが、この数字も飛躍的に上がる可能性が高まる。

と同時に子どもの貧困率も下がる。子どもの貧困率は昨今、注目を浴びる機会が多いが、経済力を持たない子どもにとっての貧困とは親の課題である。親の貧困率を改善することが子どもの貧困率の一番の解決となる。子どもを守りたいとの願いはみなにある。それが子どもの貧困率に注目が集まる要因にもなっているが、本質的な課題は大人の貧困である。大人の貧困は自己責任説が問われやすいが、すでにそれだけでは解決できず、個人の課題を超え、社会課題となっているのが現状だ。

これを実現することで、今の子どもたちが社会で活躍するころには、日本の国力も上がることが期待できる。

社会や環境へ責任転嫁をするのではなく、当事者である女性自身が行動することで、社会が自然と変わっていくことになる。

## 社会性を学び、組織を知る

産まれて直ぐから男女の脳の違いは明確に現れる。

男の子は青を好み、女の子はピンクを好む。

少し大きくなると、男の子は攻撃的な遊びを好み、女の子は家庭的な遊びを好む。

このように男女の性差は確実にある。男女平等という言葉の裏で疎かになっているが、この性差を考えた仕組みをつくらなければ、皆が苦しむことになる。

今、働く社会ではこの性差の仕組みに変化が必要となる時期にきている。

学校を卒業して社会人になると、女性は結婚するまでの腰掛という扱いとなることが多く、働く女性が増えていても、この考えの部分は変わっていない。結果、お飾り的な仕事を与えられ、誰かに見初められて寿退職をするのが女性の幸せ、と考える人もまだまだ多く、もちろん賃金は低めである。出世を願い働きたいのであれば、「男のように働け」となり、未だに男のように働くことを選択した女性は結婚や出産を諦めることを余儀なくされることもある。しかし、男性はほぼそのようなことはない。最近では仕事を選択したからではなく、所得が低いことで結婚を諦める男性が増えているという事実もある。

昔のままの男女の性差に基づく、「男が外で働き、女が家庭を守る」という考えが間違っているとは決して思わないが、いろいろなところに歪みをつくり始めているのは誰もが理解できるところである。そろそろこの「当り前」に疑問を持つべきときにきているのである。

若い独身の女性が大勢活躍していることで、「当社は女性活躍が進んでいる」と言う経営者がいるが、それは本当の女性活躍とは言えない。本当の女性活躍とは、結婚、出産した女性が活躍できることである。

20代後半から30代の女性が第一線で活躍している裏で、男性上司には分からないが、結婚と出産の時期で悩んでいることもよくある。お付き合いしている人がいる人でも、キャリアを止める決断がなかなかできず、結婚の時期が決められずにうまくいかなくなることもある。しかし、この現実を会社は知らない。

このライフイベントがスムーズに行われ、元のキャリアに戻れる、または本人の希望で時短などのスローペースができるなど、悩むのではなく選択するだけとなれば問題は解決しない。

これができていることが本当の女性活躍である。

現状、まだまだこの理解すらできていない。

しかし先にも述べたように、社会や環境が変わるのを待っている時間はない。まずは女性が男性社会を知り、そこに上手に入り込み必要とされることで速度を速めることができると考える。必要不可欠な人材に対して社会は寛容である。その人が「継続して働ける」仕組みを自然とつくってくれることになる。

このことを知る女性を増やし、多くの企業で働くことで、「継続して働ける」仕組みができていく。理想像ではあるが、学んでいなくてもできている女性も多い。さらに学ぶ機会を女性が与えられれば、社会に影響力を持つほどの出来事になるだろう。

## 生産性の上げ方を知る

働き方改革の主軸のひとつに、「生産性を上げる」がある。

そもそも一度に多くのタスクをこなすことができる女性が、生産性の意味をしっかりと知れば、さらに生産性を上げることができる。

先日お会いした方が言っていたが、「女性は顔を洗いながら洗面台を掃除できる」「電話をしながら机の上を片づけることができる」と。とにかく空いている手や足を無駄にしない。これは体だけではなく頭の使い方も同じである。仕事が終わるころには明日の仕事の用意と同時に夕飯の献立も考え、子どもが学校に持って行くために用意するものをどこで購入するかも考えている。

会社の飲み会ひとつ取っても、行く店の場所を確認すると同時に、子どもの夕飯の支度のこと、預け先など、一度にいくつものことを処理している。

このタスク管理は相当な能力である。

学ぶ前はこれを全て自然としていることがすごい。さらに学ぶことで能力を上げることができ、売上貢献につながる生産性を知れば企業の売上にも貢献することができる。女性は数字だけの目標ではモチベーションが高まらないので、顧客の喜びの声や、感謝の声をモチベーションにすることでさらに生産性が高まる。企業にとっては仕組みを変えるほどの付加価値ができ、必要とされることは間違いないのである。この付加価値の創造も生産性のひとつである。

また、無駄と感じることも男女では大きく違う。女性のおしゃべりは無駄な時間だと思われがちだが、実はアイデアの宝庫である。顧客としては価値を見出している座談会などがあるが、仕事中ではまだ認められてはいない。外部で費用をかけなくても、社内の女性を上手に活用することで新しい企画が生まれることになる。とりとめのない話しが続く傾向があるので、ファシリテーターを交えればよい。会議のやり方ひとつ取っても、今までとは違う新しい仕組みが功を奏することが考えられる。

今の社会のなかで、女性を上手に活用すること自体が生産性を上げることにつながる。

## 自分を知る

三つの学びのなかで最も大事な部分となるのが「自分を知る」である。

男は狩りに出て命を失う可能性もあるなかで獲物を捕る。それには遠くまで見渡せる能力が命を守るためにも必要であった。女性は子どもを産み育て家庭を守る。それには子どもの小さな変化にも目が届くことが必要であった。

今では男性が命をかけて外で戦うこともない。女性も家庭を守ることに徹するという役割だけではなくなっている。また家電製品の普及、家事労働サービスの充実もあり、家事に費やす時間は少なくなっている傾向がみられる。子どもの人数も少なく、教育制度もあるので、ある年齢になれば親の元を離れ、幼稚園や学校に通っていくことになる。家事労働だけでは時間が余るという事実とともに、情報が外からたくさん入ってくるため外へ刺激を求めることも増える。その解消の多くが仕事をすることで解決していくことになる。一部ボランティア活動や趣味に費やす人もいるが、最近はそれほど余裕のある家庭は少なくなっているのが現実だ。

情報量が多く、家庭の外に目を向けたときに、何をしてよいか分からない女性がとても多い。それは当たり前である、なぜなら教わってきていないからだ。情報が多く刺激的ではあるが、その処理の仕方を教わっていない。遠くまで見渡せる能力が今、女性にも求められており、それを身につけたほうが女性自身も楽に生きることができる。

例えば、会社に勤めたときに人間関係が辛くて辞めてしまうのは女性のほうが圧倒的に多い。私がよく伝えるのは、「お給料を払ってくれているのはその人ではないですよ」ということ。狭い環境に目線が行き届くので、細かいことまでが気になってしまう。しかも時間軸としての目標などを持つことがあまりなく、男性のように出世のために頑張る、というようなモチベーションも持ちづらい。どうしても目の前の反りが合わない人との関係が気になり、会社の良さや将来性までに目がいかないこともある。

その反面、男性ばかりだった職場に女性が入ることで、「職場がきれいになった」「活気が出た」という声が多く、女性が職場に増えるメリットを感じている人が多いのも事実である。女性が自分の人生を長期的に考える機会を得ることで、目の前の人間関係に捉われることが少なくなり、女性が職場にいることのメリットは生きていく。

自分を知るとは主にどのようなことか。日本シングルマザー支援協会では独自のプログラムである「リライフ」を活用している。

新しいことをはじめるときに、まず不安が浮かぶという思考が強く働き、その不安が行動を起こすときの足かせになりやすい。先ずは自分がどんなことに不安に陥りやすいのかを知ること。自分の不安の種が理解できたら、次は将来を時間軸で捉え、自分でデザインしていく。それをファシリテーターである、「ひとり親コンシェルジュ」と一緒に取り組む流れになる。

女性が今少し足りない部分を学ぶ。それにより女性が社会に必要な存在だということを、理解する人が増えていくことだろう。

日本シングルマザー支援協会の活動自体が、理解をしてもらうことからすべてが始まることが多い。まだまだ理解に達しないことも多いが、理解者となってくれた方々のパワーの大きさは、凄まじさを感じるほどだ。

私たち女性が、社会や環境に責任転嫁をせずに、自らイノベーションを起こそうと活動している姿を見てもらい続けることで、徐々にではあるが理解は深まってくれると信じている。

## 日本シングルマザー支援協会の主なプログラム

現在、２３０社を超えるパートナー企業と、３８００名を超える会員で構成されているのが日本シングルマザー支援協会である。自治体とも神奈川県横浜市、神奈川県相模原市と「ひとり親家庭包括協定」を締結し、民と官でできることを理解しあったなかで、ひとり親それぞれにあった自立支援を心がけ活動している。

自立支援のプログラムの中身を見ていこう。

①リライフを受けてみよう
②いろんなイベントに参加してみよう
③共感できる仲間をつくろう
④収入アップを考えてみよう
⑤お仕事見学への参加や面接を受けてみよう

## ⑥不安のない生活を体感しよう

この六つのステップをひとり親コンシェルジュという、当団体が支援者と認定した方に寄り添ってもらいながら進めていきます。

方法をただお伝えするだけではなく、自ら体感してもらいながら進めていく。しっかりと自分の頭で考え、体で感じること。これがないと主体性を持つことができず、失敗したときに「やらされたから」と感じてしまうことにもなる。それはひとり親コンシェルジュを守るためではなく、自立を目指すシングルマザー本人が、失敗すら糧にできるために必要なことである。

全体のシングルマザーの6割に当たる方がこのプログラムの対象者となるとして、対象となる方全てがこのステップで自立を果たすことができたとき、その倍以上の数の子どもたちが子どもの貧困から脱することになる。

こども食堂、無料塾などがあっという間に広まった日本人の優しさを考えると、子どもの貧困の解決を望んでいない人はあまりいないと感じる。子どもの貧困の根本的な課題は親の貧困である。日本シングルマザー支援協会は、これまでも、そしてこれからも親の貧困の課題解決に着目し、活動を進めていくつもりである。

応援メッセージ 6

Takahashi Nobuo

# 高橋暢雄

学校法人武蔵野学院理事長
武蔵野学院大学学長・教授
https://www.musashino.ac.jp/

## 神道から学べることの実践

江成先生には、私どもの大学で「ビジネスコミュニケーション」という1、2年生対象の科目をご担当いただいています。

現代の大学生はおとなしい反面、反応が薄く、ホームである自分の大学ではだらしない面すらあります。

そんな学生たちに江成先生は、快活かつ明快にわかりやすい授業をしていただき、評判も上々です。多くの外部講師の先生と展開する授業なのですが、学生の感想を読むと「よく話を聞いているなぁ」「こんなこと考えているんだ」等々、私自身にも勉強になることばかりです。

日々の暮らしから、人間は知らず知らずのうちに社会から固定観念を植えつけられてしまいます。その人が悪いのではありません。どうしてもよき指導者がそばにいないと、人間は偏ってしまうことが多いのです。学生に接する江成先生を見ていると、そこをよく理解してくださり、寄り添うように、でもしっかりとご指導いただいていることが感じられます。

そこからその人らしい流れが始まることが教育の原点だと思います。

私は『日本書紀』にも記載されている神道の家柄出身ですが，大学卒業後、一時期保険会社などで働いたこともありました。実社会を体験後、現在の教育の道に入りましたが、神道の家柄と教えが私を作っていると思います。

古神道では「さとり」という言葉を「差取り」であると教えています。「差無し」ではありません。差はあるのです。

男性と女性、上司と部下、大人と子ども、先生と学生。差は無くすのではなく、差が存在しつつ「差を取って接する」のです。江成先生はそこを深く理解していただいているので、学生が落ち着いて学びやすいのではないでしょうか。学生たちもいずれ社会で「働く」ことになります。

古神道ではこれも「傍《はた》（周囲）が楽になる」ことが「働くこと」であると教えています。お金や出世や名誉のような自分の欲望が悪いのではありません。先手は周囲が楽になる行動を取ることなのです。そうすれば、古神道では「他から」すなわち「宝」がやってくると教えています。そして後手としてそれらの宝を手にすることができるのです。

学生たちであれ、シングルマザーの皆さんであれ、江成さんのような方とご一緒に前進すれば、確実に一歩一歩進化できるのではないかと思います。

これからの時代や状況にこのような気持ちで人と接することができる指導者はとても貴重なのではないでしょうか。これからの江成先生の益々の飛躍を教育の現場から楽しみに見守りたいと考えています。

応援メッセージ 7

Kan Masahiro

# 菅 正広

一般社団法人グラミン日本理事長

https://grameen.jp/

## グラミン日本と江成さん

①江成さんとの出会いについて

江成さんとは、2017年6月にビジネスコンテストの審査会で初めてお会いしました。江成さんの考え方や取組みがグラミン日本のそれと相通じており、いっぺんに意気投合しました。

「日本のマザー・テレサになりたい。いつかノーベル平和賞をとりたい」という江成さんのアンビションを聞いて、それは面白いと応援したくなりました。

江成さんの考え方は一本筋が通っていて、おっしゃることに迫力があります。それは江成さんがこれまでやってこられたことにしっかり裏づけされ、一生懸命生きてこられたからなのだと思います。

シングルマザーの方々に耳の痛い厳しい

ことでも、江成さんがおっしゃると相手に受け入れてもらえるんですね。いろいろ教えていただいて一緒にやっていきたい人だと思いました。

②ユヌスさんの存在

江成さんと初めて出会って意気投合したのは、グラミン銀行創設者で2006年にノーベル平和賞を受賞されたユヌスさんをともに知っていて、ともにユヌスさんの考え方に共感し敬意を抱いていたことも大きいと思います。私はこれまでの人生でユヌスさんが最も尊敬する人物です。お会いするたびに勇気と元気をもらっています。江成さんもユヌスさんやグラミン銀行の取組みを大切に思われていました。

日本には、これまでグラミン型のマイクロファイナンス機関はありませんでした。5人一組の互助グループを組んで融資を受けることなど、途上国の農村ならともかく、先進国の都会ではできるはずがないと思われていたからです。

しかし、GNP世界随一の先進国アメリカで、しかも大都会のニューヨークで2007年に始まったグラミンアメリカは5人一組の互助グループを組んで、生活に困窮する女性たちに無担保で融資しました。これまで10万人に8・7億ドル(約960億円)の融資をして、しかも貸倒率0・2%という実績を上げています。

グラミン日本は、日本の実態に合うように手直しをして、まず東京から始めます。私たちがいかに事例を積み上げられるかがチャレンジです。簡単なことではないかもしれませんが、だからこそワクワクしてやっていけると思っています。「明日は次に何をしようか」とワクワクして夜も眠れないくらいです（笑）。

ユヌスさんは、「ゴールが困難に見えれば見えるほど、その仕事はワクワクしたものになる」とおっしゃっていますが、私たちも全く同じ気持ちです。このことは江成さんとも共有していると思います。グラミン日本の取組みが成功するかどうか分からない段階で、江成さんにはリスクを取ってグラミン日本と一緒にやろうと決断していただきました。私たちはその英断に応えていく覚悟です。

---

③グラミン日本と江成さん

グラミン銀行の日本版であるグラミン日本が、まず取組もうとしていることは、働く意欲はあるけれど今は困窮しているシングルマザーの方々です。シードマネーを融資し、働く機会や就労支援をしたいと思っています。

グラミン日本のコアとなるのが「センターマネジャー」と呼ばれる最前線でシングルマザーの方々に寄り添うスタッフです。江成さんやシングルマザー支援協会の方々は、まさにセンターマネジャーに求められる、相手に寄り添って支援し、彼女たちの自立を促すという資質をお持ちです。

江成さんには、いろいろな面でグラミ

ン日本にご尽力していただいていますが、ぜひセンターマネジャーとしてもこれまでのご経験や知見を生かしていただければ有難いと思っています。

グラミン日本の理念の1丁目1番地は、「貧困のない、誰も活き活きと生きられる社会を創ること」です。そして、日本の社会を変えていくことです。一緒に日本の社会を変えていければと願っています。

④応援メッセージ

江成さんが心血を注いでおられる日本シングルマザー支援協会とグラミン日本は、シングルマザーの支援という共通のミッションに向けて手を携えて前に進んでいきたいと思います。どうぞよろしくお願いいたします。

［対談］

# 黒越誠治×江成道子

「自立と笑顔
精神的経済的な自立が女性の笑顔をつくる」

# 徳川家広×江成道子

「滅びと再生
激変する世界での女性と男性」

# 自立と笑顔
## 精神的経済的な自立が
## 女性の笑顔をつくる

# 黒越誠治×

くろこし・せいじ
2000年、株式会社デジサーチアンドアドバタイジングを設立、代表取締役に就任。老舗企業の再生および起業家支援を行う。第二種金融商品取引業（クラウドファンディング）。日本初のソーシャル・インパクト・ボンドを個人で組成。共感型の起業家、上場を目指さない起業家の支援等も行う。
http://www.digisearch.co.jp/profile/index.html

# 江成道子

本年度雑誌「フォーブス」で一躍脚光を浴びた起業支援と投資のプロである黒越誠治氏。映画「single mom 優しい家族。」のイメージモデルでもある江成道子氏。

起業という接点で結ばれた対談は生き方、自立、原点に迫った。

## シングルマザーが秘める力

**江成**　シングルマザーが秘める力を開花させるためには、男性の力なり、サポートというものが欠かせないと思うのですが……。

**黒越**　サポートですか……。僕は「サポート」という考え方は、あまり持っていないんですが……。

**江成**　でも現実として男性社会というものがあって、私自身も今は男性の方と活動することが多いのですけれど、そのときに女性の活躍に対する男性側の理解というものがどうしても必要だと思うんですね。なぜならば、理解のある人がいないと、男性のうちの〝理解していない人〟も巻き込んで一緒に活動することができないんですよ。

だから現状の男性社会を少しずつ、男女ともに働きやすく、子育てがしやすくなるようなものに変えていくためには、やはり男性側の理解なりサポートが必要なのではないでしょうか。

**黒越**　そういう話になってくると、もしかしたら僕はあまり適任じゃないかもしれないですね（笑）。ウチの会社のなかでは完全に男女の区別はないですから。新卒でシングルマザーの方が来られたりもしますし。

**江成**　黒越さんの発想はたぶん時代の先を行かれているんでしょうね。

**黒越**　しかし、江成さんにこの問題意識があるのであれば、まだ世間一般的にはサポートという視点も必要なんでしょうね。ただ僕としては単純に起業家として一緒にやりたい人として、それがたまたまシングルマザーでありシングルファーザーであったということなんですが。

**江成**　なるほど。

**黒越**　今回シングルマザーファンドというものを立ち上げるにあたって思ったのが、シングルマザーということについての原体験のない方がいないと成功しないということです。自身で体感していて一番リアリティがあって、その歪みも情報格差も分かっていらっしゃって、それを突破する力があるであろう方と一緒にやりたいと思いました。その相手が江成さんだったという感じです。

**江成**　これまでにいろんなファンドを立ち上げてこられたそうですね。

**黒越**　はい、たくさんのファンドを立ち上げてきました。僕は適格機関投資家として金融庁に届出をしていますので。例えば、誰かが何か思い立ってファンドをやりたいとおっしゃっても、勝手にお金を集めることは法律違反になりますが、適格機関投資家がいることによってファンドを立ち上げることができるというケースがあるんです。

　ですから、ファンドを立ち上げたいという人からの相談もたくさん受けますね。ある程度の資産と知識があればできることなんですが、この届出をしている人がいま日本には個人の場合、約60名いて、僕はそのうちの1人なんです。

**江成**　そんななかでとりわけシングルマザーのファンドをつくろうというのは、どういった意図からのことなのでしょう。

**黒越**　一般論として、現在の資本主義の社会のなかでは、シングルマザーであったり学生であったり、信用力が低いと考えられている人には出資がされづらい。誤解を恐れずに言えば、現在の資本主義は利益偏重だと言えるかも知れません。
そのような理由で、ポテンシャルがあっても活躍できないという人がいるなかで、現状の資本主義社会を否定するのではなく、「共感」を大切にしたポスト資本主義という考えが出てきたと考えています。シングルマザーの問題は、ポスト資本主義のなかで解決していける分野として有望であると、４年前から考えていました。

**江成**　ポスト資本主義ですか。

**黒越**　はい。シングルマザーの問題の解決法としてベストなのは、本人が希望する働き方ができて、経済的にも豊かになり、かつしっかりと子育てができることだと思っています。昔から「母は強し」と言うように、これはシングルファーザーも同じだと思いますが、子どもがいると勇気が湧くし強くなる。強い想いを持っていると思うんです。想いの強さをポテンシャルとして見たときに、それは起業家としての強みでもあります。そうした方々は踏ん張りが利くだろうし、想いが強い分共感を得られる可能性も高いので資本も集まると思うんです。

つまり、起業家としても優秀であるという考えが根底にありました。

**江成**　純粋に起業家としての適性の面を見ているわけですね。

**黒越**　そうです。ですから僕としては、シングルマザーの問題を社会的に解決するために、いわゆる篤志家として出資しましょうという考えでやっているわけではないんです。しかしリターンが欲しいだけでやっているわけでもない。社会的課題の解決と経済的リターンのどちらも解決しよう、というのがポスト資本主義のミッションだと考えています。加えて、先ほど言ったようなシングルマザーの秘める実力に気づいていない世の中というものがあって、だからこそこれをやってやろうという気持ちも強いんです。僕はどちらかというと目立ちたがり屋なので（笑）、「ほらできるでしょ」と言いたいだけ、みたいな感覚もあります。

**江成**　今の世の中において、シングルになったときどう生きるかというときに、そのスキームがあまりないなかで、こうした黒越さんのお考えはとても心強く感じます。

## 「SIB」とは

**黒越**　シングルマザーの課題に対しての取り組みは、別に格好をつけたくて取り組んでいるのではなくて、むしろこれは絶対に解決できる問題だと思ってやっています。「かわいそう」「サポートしたい」というだけではなく、もちろん搾取するためでもない。シングルマザーの方々がきちんと稼げて、格差がない環境づくりをしていく。でも誰もそこができていなかったから、これを実証するためには一番強いパートナーさんと組みたいなと思っていました。日本財団さんといろいろと話をして、シングルマザーファンドというのをアップサイドのソーシャルインパクトボンド（以下ＳＩＢ）*として作りたいということを伝えたところ、出会ったのが江成さんだったわけです。

※　官民連携による仕組みの一形態。民間の資金提供者から調達した資金をもとにして行政サービスを民間のＮＰＯや企業に委託。目標の達成度合いに応じて官から資金提供者に報酬が支払われる。シングルマザーでいえば、その中から納税者が増えるとか、児童手当が削減されるなどが目標とされることを想定している。

**江成**　ＳＩＢという形態はお話をうかがうまで知りませんでした。

**黒越**　今までの資金提供の形は、ベンチャーキャピタル（以下ＶＣ）であれば株式出資して上場を目指すか、あるいは銀行であれば融資を受けるしかなかったんですけど、ＳＩＢはその中間みたいなものです。出資の場合、会社の権利は一部出資者の方へ移ってしまううえに、より多くの利益のためには上場かＭ＆Ａ（mergers and acquisitions 合併と買収）をしなければいけないということになってしまいます。

一方で融資の場合は絶対に返さなければいけない。だけど今回考えているのはその中間で、会社の権利は持ち続けたまま、成功したら返す、成功しなければ返さなくていいという形なんです。

**江成**　本当にそういう形でいけるなら、非常に新鮮な感じを受けます。

**黒越**　２０１５年ごろから法律の解釈が整理され、やっとできるようになってきたものですから、馴染みのない方は多いでしょうね。大手の銀行ですら初めての形で、出資持分の時価評価ができないからと二の足を踏んでいる現実もあります。ただ僕らはこのファンドを社会的役割と考えて、金融ストラテジーをつくり、出資もしています。

**江成**　岩盤にガーンと穴を開けているような感じですかね。

**黒越**　岩盤を打ち破るというか……どちらかというと、「どうやったらできるのか」というストラテジーから詰めていって、「こうしたらできる」という形をきちんとつくっていき、粘り強く掘っているうちに気付いたら穴があいていた…という感じでやっていきたいと考えています。既存のものの批判をしたり警鐘を鳴らしてムーブメントをつくったりというようなやり方は、僕はあんまり好きじゃないんですよね。僕はストレスに弱いのであんまり他人と争うのは好きじゃないし、悪目立ちして有名税が出るのも嫌ですから（笑）。

**江成**　融資を受けるとなると「それを背負ってやっていけるのか」という悲壮感を漂わせることになったりもするのですが、こうしてお話をうかがうと、SIBというのは事業者側が投資家の支配を受けるという雰囲気も薄いようにも感じますし、皆が対等に明るく楽しく前に向かって行けそうな気がします。

**黒越**　対等というのはすごく重要だと思いますね。支配・被支配の関係というのは、従来の資本主義的な考え方のような気がしますしね。対等という概念は、組織論においても同じ考えをもっています。

**江成**　黒越さんのところのスタッフはみなさん生き生きとしているじゃないですか。そういう姿を見ると、やっぱりそのほうが新しいものって生まれるのかなっていうのは改めて感じます。

**黒越**　「こうしろ」っていう命令形では、そう命じる人の発想以上のものは生まれないんですよ。その人の成功体験が基準になってしまいますから。でも次世代のイノベーションというのはそれでは無理で、「こうしろ」と命令で押さえつけることに意味はないと思います。ただ仕事を進めていくうえでのコンセプトとか理念がブレないように、指針を示していくことはリーダーとして重要だと思いますけど。

**江成**　問いかけていくような役割で。

**黒越**　はい。つまりメンターに似ているかもしれませんね。仕事上での指導者や助言者としての役割は必要ですけれど、オーナーだとか上司としてなのか「こうしろ」という人の役割というのは、ポスト資本主義においては薄れているような気がします。

**江成**　でも実際の日本の組織においてはまだ、絶対的な上司がいて部下はそれに忖度してというような形も多いですよね。考え方が古いままというか。

**黒越**　重要なのは、人の意識を変えようとすることではなく、組織論、組織心理学を考えることだと思うんです。組織のデザインを変えることで、人の意識も自然と変わってくる。

**江成**　具体的にはどういうことでしょうか？

**黒越**　例えば、ある島に一個の企業しかなくて転職もできない、他に稼ぐアテもないとします。そのときに社長から「きょう飲みに行こう」と言われたらどうしますか？

**江成**　行きますと言うしかないですね。

**黒越**　翌日に「きょうもまた行こう」と言われたら？

**江成**　やっぱり嫌でも行くしかない。

**黒越**　それってルールではないかもしれないけれど、やっぱり多くの人はそうなりますよね。人は根本のところで弱い生き物だし、決められた環境においては流されるものなんです。

**江成**　だから組織そのものの形を変えなければいけない？

**黒越**　そういうことです。その意味ではウチの会社はものすごく新しい組織論を取り入れていて、まず取締役や部長といった上司というものが存在しないし、分業もしない。全員がそれぞれ専従専任で一つのプロジェクトに従事するんです。そうすると自分で考えてジャッジする機会が増えるし当事者意識も高くなる。そういうことをもう16年前からずっと繰り返しているんです。

**江成**　ちょっと他では見られない形ですね。

**黒越**　チームと派閥の枠組みで考えてもらうと、より組織論が分かりやすいかもしれません。チームと派閥の違いって何だと思いますか？

**江成**　チームは根本に「協力」というのがある組織で、派閥というのは何か腹黒いものを抱えていそうな印象があります。参加している人たちの意識の違いというのもありそうです。

**黒越**　個人の意識の違いということになるとそれは「人が悪い」ということになってしまうので、組織そのものの特性で考えてみましょう。例えば「○○クンを首相にする会」というのがあったとして、これは派閥ですかチームですか?

**江成**　どちらとも言えそうですね。

**黒越**　そうなんです。ではどこからが派閥になるのかというと、それは私欲と公欲というものに関係するんですね。目的をオープンにできるかどうか。「○○さんが首相になることが日本のためになる」という思いを皆が共有するのがチーム。

だけどそこで「そうなったときには俺を官房長官にしてくれよ」というような裏の協議があって、これを他のメンバーに言わないということになるとそこに派閥が生まれると思うんです。

**江成**　なるほど。みんなでどこに向かって行くのかという目的意識が大切であって、そこに私欲が混じると組織がマイナスの方向へと向かって行くというわけですね。

**黒越**　そういったことを事前にケアしながら、どういう組織を作っていくかというのが重要だと思っています。ただし、私欲というのもオープンにしたものであればいいんですけどね。

**江成**　「私はこうやりたい」と言って、それがみんなで応援したくなるようなものであればいいんですもんね。

**黒越**　そうやって応援したい人たちだけが集まっているぶんには害はないんですよ。だけど後になって「このためだったの、オマエは」っていうのはダメ。

**江成**　「裏を返せばこうだったのか」みたいな。

**黒越**　そうそう。

**江成**　だけど誰かが何を考えているのかというのってなかなかわからないですよね。そういう組織を作り上げていくにはどうすればいいのでしょうか?

**黒越**　まず僕らは採用のときにすごく熱心に「本当にオープンにでき

る人なのか」という思考特性の部分を見ますし、最初の段階ではどうしてもオープンにできない人もいますから、それができるようにメンテナンスもします。そのうえでどうしても心を開けない人だということになれば、いくら実務能力の高そうな人であっても採用はしません。

## 起業家が抱える大命題は？

**江成**　私たちの協会もシングルマザーを支援していくなかで、一番大切なことは彼女たちが自立していくことだという考えなんですね。そのときに自立できる人ってどんな人なのだろうということになると、今のお話を踏まえれば「派閥を作る必要がなくてチームを作れる人」ということになると思うんですよ。結局、自分自身も含めて成長することがその組織であったり社会であったり地域であったり、大きく言えば国までも含んだ、それこそシングルマザーというイメージそのものまでも変えていくような。そのためには自分のことだけを考えている人というのではなくて、ふだんから俯瞰でモノを見ることができる人ということになるんだろうと思っているんです。

**黒越**　江成さんはシングルマザーの方々とは書類を通してではなくて、その人自身とちゃんとお話をしようとしていらっしゃいますよね。今までどういうことをしてきたかというところから、その人が本当にひとりで立ち上がれるのかというように。そういうところの見方は僕らと共通しているのかもしれない。

**江成**　人を選ぶのではなく見るんだということを黒越さんは以前からおっしゃっていて、確かにそこの意識は近いのかなと思います。あと私は、相手の思考を見抜くために会話ということを大事にしているつもりなんですね。その人がどんな言葉を使うのかを感じ取る。言葉の中にどうしても無意識な思考が散りばめられていると思うので。

**黒越**　そこは僕たちの採用のテストも同じです。「私」の部分が多い人というのはキツイ言葉が出てくるので、そういうところは見ていますよね。

**江成**　やっぱり言葉ですよね。どんな言葉を使う人かというのは本当に大切なところだと思います。30分ぐらい話してみれば、いくら本人は隠しているつもりでもその人の思考というのがかなり浮き出てきますもんね。前向きであるのかネガティブであるのか。それが分かるだけでも後の物事の発展具合が全く違ってくるので。

**黒越**　クリエイティブなことにも関係してくる部分ですけど、ネガティブというか、繊細な感性を持っているという人にも活躍の場はあると思います。童話作家のアンデルセンは素晴らしい作品を残しましたが、就寝中に埋葬されないように、寝る前に「死んでません」って書かないと寝られないぐらいにセンシティブだったらしいですし。

**江成**　作家ってネガティブな人が多いイメージがありますよね。

**黒越**　言葉の強さとか、人の心の傷つき方とかを知っているからこそ怖くなってくるのだと思います。言葉を選んで考えて哲学をやればやるほど、ジャッジをすればするほど、決断したり分岐することが増えるほど、人というのは実は不安定になるものなんですね。

逆に儀式のように毎日決められたことをやっていれば、そのほうが安定度は増す。その代わりに従順な羊のようにもなるわけですが、これはどちらが幸せかは分かりません。幸福とは一体何かというのは、それぞれの人の考え方とか育ってきた環境にもよるものなので。

**江成**　そういう広い視野を持っていらっしゃるから、社員のみなさん一人ひとりに仕事を任せられるのだと思うのですが、現実にはそうやって他者に任せるということができずに自分の手の中で操作したがる人も多いですよね。

**黒越**　それも環境の問題かもしれませんね。もし江成さんが多額の借金を抱えた会社の社長だったとしたらどうでしょう？

**江成**　リスクがあるぶん、必ず成功させたい、失敗できないと考えますよねえ。

**黒越**　となるとどうしても「自分がなんとかしなきゃいけない」という思いが先に立ってしまい、社員に任せづらくなるかもしれません。投資する側のＶＣの立場だと自分で事業を抱え込むということはないので「成功しろ」「だからガンバレ」と言いがちですが、そうすると今度はモラルや人情が欠如する可能性がある。なぜかといえば、事業の内容よりも「上場するためにどうすればいいのか」ということになるから。

**江成**　大命題が変わってきてしまう。

**黒越**　そうですね。VC（venture capital 投資ファンド）から資本を入れると、自分でも気づかないうちにミッションドリフトが起きてしまう場合もあります。お金というものの組織への影響力は多大で、僕らはこれを「社風」ではなく「お金風」とか「資金風」って言っています。資金の性格によって社風だとか組織の在り方そのものが変わってくると思っています。

例えば、寄付を受けたNPOは、本当に真面目な人だとタクシーに乗れなくなったりします。タクシーにバンバン乗って贅沢に飲み歩いていたら周囲からはどうしても「アイツは寄付から給料をもらっているくせになんで飲み歩いているんだ」みたいに思われてしまいますから。寄付を受けることでそういう風が吹くし、同じように借金があれば任せたいと思っても任せづらいという風になっていく。

**江成**　それに関連して言うと、私は日本のＮＰＯにはすごく違和感があって、多くの団体は同じように行政からお金をもらって動いているんですけど、意外と各団体の間の仲が良くないんですね。

**黒越**　それも「資金風」の一つですね。単純な話で、行政から支援されるお金という限られたパイがあって、それが各団体に分配されるわけですよね。

**江成**　そうです。

**黒越**　そうするとどうなるかというと、より多く資金の分配を受けるためには「ウチはあそことは違ってこれだけピュアに、商売のことや自分の利益を考えずにやっているんです」「こうやっているから僕たちは存在価値があるんです」ということをアピールするしかなくなってくる。同じような目的の団体同士でありながら「あそことは違う」と主張することで自分たちの存在意義を示そうとすれば、自然と互いの仲も悪くなってくる。

**江成**　それだからですね。私は基本的にどことも付き合わないんですけど、ウチは事業を持っていて、同じパイからはもらっていないので、他のＮＰＯからは敵視されないで済んできた。

**黒越**　シングルマザーファンドのＳＩＢで江成さんと組みたいと思ったのはまさにそこで、江成さんが周りから敵視されていない方だからです。そのうえ、起業されているからゼロイチが分かっている。そういう人だからこそ、出資する人の目利きができる。

　エンジェル投資家として成果を出すためには目利きという部分が本当に重要で、それがあって初めてポテンシャルのある人にお金が回るようになる。だから江成さんとの出会いによって、僕がやりたいと思っていたことの最後のワンピースが見つかったんです。

**江成**　最初に日本財団さんを通じてお話をいただいたときに、周囲からは結構「日本財団には気をつけろ」と言われていたんですね。私たちのようなＮＰＯとかそういう団体はいいところを持っていかれるんだよ、みたいに聞かされて。それで黒越さんとお会いする前には警戒する部分もあったんですけど、実際にお会いしたら「何気に全然悪くないじゃん」って(笑)。そうやってお話が始まったという感じだったんですけど。

**黒越**　シングルマザーのSIBについてちゃんと理解してもらわなければいけないと思っていたんですが、江成さんにはその必要がなかった。お互いにゼロイチで事業を立ち上げた経験のある起業家同士だから、通じあうものがあったのかもしれませんね。

## 自立とは自然な笑顔

**江成**　ちなみに黒越さんの考える自立とはどういうものでしょうか。

**黒越**　自立……笑顔ですかねえ？

**江成**　笑顔？

**黒越**　人を気遣わずに笑顔が出てくる状態。笑顔も気を遣って出す笑顔とか、いろいろあると思うんですけど、自然な笑顔の出てくる状態が続いていれば、それが自立しているということなんでしょう。

**江成**　それは精神的なこと？　それとも経済的なことですか？

**黒越**　その両方とも必要ですね。

**江成**　なるほど……。確かに精神的にも経済的にも安定しないことには自然な笑顔は出てきません。言われてみると大企業の社員さんにしても自然じゃない、取り繕ったような笑顔をしている人が多いイメージはありますね。それはやっぱり上から動かされてやっているということなんでしょうね。自ら動いている人ならば、ちゃんと自然な笑顔になると思いますし。

**黒越**　それもあって僕は、イベントなどに出席したときのＭＣの方の笑顔にどう反応していいかわからなくなる時があります。それがお仕事なので本当に申し訳ないんですけど……。あの笑顔で「みなさんこんにちは」って言われると、どこに目を合わせていいのか分からなくなる。だから最近はどんどん引っ込み思案になっています（笑）。

# 滅びと再生
## 激変する世界での女性と男性

とくがわ・いえひろ
1965年生まれ。慶応大学卒業。ミシガン大学経済学修士、コロンビア大学政治学修士。政治経済評論家、作家。徳川家次期当主。公益財団法人徳川記念財団理事。長崎大学客員教授、早稲田大学特別講演講師などを務める。2012年政策フォーラム「日本の選択」の設立に参加、座長を務める。文化活動、プロデュースなどでも活躍。
著書「自分を守る経済学」「マルクスを読みなおす」「日本を守る経済学」，他にも翻訳多数。

# 徳川家広×江成道子

政治経済評論家、翻訳家として活躍する徳川家広氏は、今後数年間での社会の激変を予想する。

そのなかで生き残る可能性を秘めた女性パワーと、男性特有の戦闘性の融和は図れるのだろうか。女性を守り生かすことは何か。

## 「何とかなる」は「ならない」こと

**江成**　今の世のなかでシングルマザーというのは非常に増えていて、その予備軍というのもたくさんいます。そんななかで女性はどういうふうに生きて行けばいいのか。ぜひ徳川さんのご意見を伺いたくて今回対談をお願いしました。

**徳川**　そもそも女性の生き方をどうこうと言う前に今の日本社会の制度的な欠陥があまりに凄まじいわけですよ。

なぜ近年になってシングルマザーが増えているかというと、それは昔に比べて女性の身持ちが悪くなったからということではなくて、離婚が増えているからですよね。じゃあなぜ離婚が増えているかというとこれは旦那さんの経済的な理由でしょう。

**江成**　実際問題としてそれはとても大きいですね。協会で受ける相談内容でも経済的な問題の比重は大きいですね。

**徳川**　だけど日本の経済が悪化することは、もうバブルの崩壊する1

980年の末には、遅くとも90年代には分かっていたことなんです。80年代を以て日本は先進国になりました。先進国というのは何かというと、一番簡単な定義は「自国で最先端の技術を生み出すことができる、イノベーションの先端に立てる国」ということになります。

**江成**　はい。

**徳川**　欧米を追いかけていたときには、何をやればいいかが分かっていました。しかしそうした時期が終わって、以後の日本は、自力で苦労して新しい成長モデルを開拓していかなくてはならない成熟経済ということになります。企業としては、それまでに比べて暗中模索の度合いが高まったわけです。

技術の面ではＩＴが生まれています。最初のうち、ＩＴ革命はものづくりに長けた日本に有利に思われましたが、日本企業はＩＴによる事務の合理化に出遅れ、さらにネットワーク化には拒絶反応を起こしてしまいます。また、ロシアなどの極端に所得水準の低い国がどんどん市場経済に移行して、国際市場に参入して来ました。世界中で労働供給が激増したわけで、いくら勤勉で優秀な日本の労働者でも、激しい競争にさらされざるを得ませんでした。

そうして成熟化、情報化、国際化という この3つが起きた結果、昭和の戦後期に見られたような安定的な雇用というのがもう成り立たなくなってしまったんです。

**江成** こうなることはずっと前から分かっていたのに何も手を打ってこなかった?

**徳川** 「日本人だからなんとかなる」とか言っていたんですね。

**江成** 勤勉実直の精神論で打開できると。

**徳川** それがものすごいロスタイムとなり、今になってその皺寄せが来ているわけです。以上が雇用面の不安定化の原因ですが、そのいっぽうで、生活面での戦後の日本人の悩みというのは実は高度成長が終わった時からずっと同じで、「住居」と「子どもの教育」だったわけですが、それが経済状態の悪化とともにいよいよ深刻になって来た。

**江成** 家賃の負担はシングルマザーにとっても大きな問題です。削るわけにはいきませんからね。

**徳川**　ここ数年声高に叫ばれて来た格差の問題、貧困の問題というのは、けっきょくは教育と家賃の問題に行き着きます。大学を出ていなければ正社員への道は狭くなり、そして非正規労働として時給暮らしをすると、高い家賃のせいで貯金ができない。仮に家賃をはらわなくてよかったら、東京であっても時給１０００円でそれなりに快適な暮らしができるんですよ。

## 社会の成熟度を考えると

**江成**　もうひとつの問題である教育に関しても、私としては常々本当にこの国は問題が多いと思っているわけですが。

**徳川**　やや話は逸れるかもしれませんが、うちの家系は十六代というのが大政奉還の後にいるんですね。

**江成**　徳川幕府は十五代で終わっているんですよね。

**徳川**　そう。だからそのあとになるのですけれども、この人は実質的に天璋院篤姫に育てられているんです。

**江成**　あのドラマにもなった篤姫が。

**徳川**　まあそのときは既に姫ではなくて未亡人だったわけですが、十六代はこの育ての母から絶大な影響を受けたようです。

**江成**　産みの親より育ての親ということですね。

**徳川**　そういうことです。そして、それ以上に、母の力の偉大さですね。ここで話を少子化に移しますと、政府は「女性が生む子の数を増やすべきだ」などと言いますが、これは雇用の不安定化が進んでしまった現状では、全く現実味がありません。だいたい、今から女性が子供をどんどん生むようになっても、効果が出るのは20年以上先です。

**江成**　少子化についてはどうでしょう?

**徳川**　少子化について言いますと、「日本人が消えてしまう」という、ややヒステリックな妄想と、将来の財政や福祉労働の担い手の不足という極めて現実的な問題に対する焦りとが混在しているというのが現状だと思います。前者はさておき、後者に関しては子供を増やすよりも、それよりもむしろすでに生まれてきた、現に今生きている子供たち……子どもの貧困率というのは7人に1人でしたか?

**江成**　6人に1人でしたね。

## 日本に必要なのは教育費

**徳川**　その6人の1人の貧困児童に国が教育投資を行った方がいいでしょう。つまり少子化で一番問題なのは生産要素としての労働人口が減っていくから経済も伸びませんよ、ということなので、だったら20年後の人口増加を願うよりも、今から労働者1人あたりの生産性をがんばって高めていくほうがいい。

その第一歩となるのが教育投資なのです。教育を受けられない子どもがいたら受けられるようにしましょうと。どうして話がそういう方向へ行かないのかというのが私はとても不思議なんですね。

**江成**　なぜ一人ひとりの能力を高めようという話にならないのでしょう？

**徳川**　けっきょく、今の富裕層は自分の子供たち、孫たちが競争に脅かされないような社会、つまり今昔物語に出てくるような身分制社会を願っているのではないかと思います。その富裕層がアベノミクスの受益者であり、自民党の基盤でもあるということで、公的な教育投資は少なくなっていくのではないか。

だって現実にも国立大学の研究費を削って国立大学の学費を上げるってやっているわけで「ある程度お金のある家の人しか大学に行けません」ということになってきているのです。

だけど大学に行くか行かないで人生はまったく変わってしまうというのが現実ですよね。今プレカリアート*になっているのは基本的に高卒の人たちなんですから。

＊　英語の「プレカリアス」とドイツ語の「プロレタリアート」をくっつけた不安定な労働者という意味の造語

**江成**　それは私も感じます。子どもに対するお金は本当にかけない国だなあって。

**徳川**　国の教育に対する支出が少ないせいで、普通の所得水準の家庭の子たちは奨学金という名のローンを借りて大学に進み、社会人になった途端に数百万円という高額の借金を背負わされることになっています。

**江成**　勉強すればするほど結局借金地獄になっていくみたいな変な構図もありますからね。

**徳川**　まあその点については日本に限らずアメリカも酷いのですが。

**江成**　そうなんですか？

**徳川**　ええ。だけど、これをなんとかしましょうということで教育についてちゃんとした議論をしようとすると、これが大混乱をきたすんですね。

　だけど教育の問題の本質というのは、労働力と有権者を生み出すためのメカニズムをどうするかという話なんですよと冷静に議論をすればいいのだけれど、なぜかそうはならない。

## 江戸の平安は女性を守る？

**江成**　以前に伺って印象深かったのが「徳川家康は女性と子どものために戦を無くした」という話です。

**徳川**　まず家康はシングルマザー家庭なんですね。両親は離縁していますから。

**江成**　どういう理由で別れたのでしょう。

**徳川**　戦国時代ならではの政略上の理由からなんですが、ともかくそれで家康はお母さんとは幼いときに引き離されていました。そんな家康が今川家から独立すると、恐らくは性格的にとことん合わなかったであろう織田信長につくことになります。

　なぜそうしたかというとお母さんが織田方に行っていたからなんですね。幸いにもお母さんは関ケ原の戦いの後まで生きていましたので、家康が天下人になったということを知って世を去っているわけですけれども。

**江成**　お母さん思いの方だったんですね。

**徳川**　それで戦争に関して言いますと、戦争は女性など弱い人から先に苦しむことになります。戦争は男にとっては出世の場で、特に戦国時代ですと家電製品とか自動車とかは無いですから、出世して家来を大勢抱えることで労働力を得て、飛躍的に生活が良くなるわけです。

それが下っ端だと、自分で水汲みから薪割りから全部しなくてはいけない。だからずっと戦争が続いて欲しいと思った人たちもいるわけです。

しかし一方で、大名にまでなった人たちは自分たちの得たものをキープしたい。それは、現状維持が大名たちの願いであったからなんですね。家康が天下を完全に掌握した後に戦はピタッと収まっています。

**江成**　つまり、家康は女性や子どものために戦争を無くしたというよりも、家康が戦争を無くしたことで女性や子どもたちの苦しみも無くなったということなんですね。

**徳川**　とは言いながら、平和な世のなかであっても、それまでの日本の歴史を振り返り、さらに中国の歴史もよく研究していたので、家康は「政治において女性の発言権は少ないほうがよろしい」と、女性を「奥」という空間に閉じ込めちゃうんですね。

**江成**　それで妻のことを「奥様」とか「奥方」と言うわけですか。

**徳川**　「大奥」というのもそうです。ただ江戸時代の日本で一番国会に近いものは何かというと、じつはその大奥なんですね。江戸城の奥で将軍の後継者を作る政争が繰り広げられていた。

大名が居並ぶ表舞台は単なる儀式に過ぎず、実質的な話はむしろ大奥の女性たちが将軍に直接ロビー活動をしていたというのが政治の実態だったのではないかなと思うわけです。

**江成**　それは興味深いお話ですね。

## 戦争は男社会の成果

徳川　ともかくそうした形で江戸時代の太平の世は続いたわけですが、明治維新以降はまた戦争が復活します。大日本帝国の歴史を振り返ってみても「なんでこの人たちはこんなにしょっちゅう戦争をやっているんだろう」と言いたくなるぐらいなんですが、それは出世したい人が大勢いたからというのが一番の根っ子にあります。

その出世欲が激化したあまりに、明治維新で生まれた大日本帝国という国は滅んでしまった、本来国を守ることが仕事の軍人さんたちが自分が出世したいあまりに、国を壊してしまったわけですね。その軍人さんたちを大量に吸収したのが、戦後の日本の大企業だと私は考えています。ですから大企業の人たちに対して「なんでこの人たちはビジネスマインドが無いんだろう」と感じたとすれば、それは彼らの大元のカルチャーが軍人さんだからなんです。なぜ今の日本がこんなにヘンテコな男社会なのかというと、そういう根っこがまず、あるんだろうと。

**江成**　それは女性活躍をいう以前の問題です。

**徳川**　大日本帝国の亡霊がいまだにのさばっているのですからねえ。

**江成**　上辺が変わっても中身の思想は変わっていない。

**徳川**　そうなんです。ではそんな彼らが出世して何がしたいのかというと、これが特に何もないんです。

**江成**　分かる気がします（笑）。だから男の人は「女にモテる」だの目先の欲に走るわけですね（笑）。

**徳川**　そうです。まあそれはさておいて、今の日本の経済の最大の問題は、戦後の高度成長を牽引してきたような大企業がまったく成長しなくなっちゃったということなんです。

その成長しなくなった最大の理由が軍隊的組織だからということなんです。インターネットへの適応に遅れたのもそのせいです。しかも盲目的な出世衝動というのが根っ子にあるので、部下が大勢いる状態が嬉しい。

これは本能です。戦国時代を生きた武士の本能だと考えてください。

**江成**　仕事を成功させて利益を上げることよりも、たくさんの部下を従えることが重要なんですか。

**徳川**　それですごく仕事の効率が悪くなっているのですが、それもまた軍人マインドなわけで、やがてこれは力尽きてしまうんですね。これだけ高い人件費で冷蔵庫とかを作るにしても中国と競争していると いう、いずれこれはパンクしてしまいます。

だけどそのときになって初めて能力だけで評価されるような、まともな労働市場が発生することになります。そこで初めて女性が男性並みに輝けることになるのです。

**江成**　ことさらに女性を輝せるということではなくて、男女の区別なく能力相応に評価されるような社会になるわけですね。

## 世のなかが変わる時

**徳川**　今はまだ、既に役目が終わってしまった大企業が無駄に延命しています。ゼロ成長ゼロ金利ゼロインフレゼロ倒産なんですね。だから失業率も上がらないんですけれども、それでいてものすごく閉塞感がある。

**江成**　惰性の域に入っているわけですね。

**徳川**　そうです。それでひたすら何もしていない役員の報酬だけが上がっていくという現状がございます。そういった状況はここ数年間で見たときには悪くなる一方でしょう。

**江成**　シングルマザーに限らず社会全体が悪くなる。

**徳川**　そうです。ただ、そのあたりは自然と入れ替わるので、徐々に良くなっていくのだろうと楽観もしています。例えば明治維新。これは私の家にとっては災いでしかなかったのですが。

**江成**　確かに（笑）。

**徳川**　だけどそれによって膨大な数の活用されていない武士がいっせいに労働市場に吐き出され、使えない人は餓死したりうつ病になって自殺したりもしましたが、能力のある人は偉くなって給料が一気に3倍ぐらいに増えたりしました。

**江成**　中長期的に言うと何年ぐらいで変わってくるとお考えでしょうか。

**徳川**　まあ、あと5年ぐらいじゃないですか？　今の大企業体制というのはそれぐらいしかもたないでしょう。

**江成**　それは良いですねえ。でもそうなると失業者が増えそうです。

**徳川**　瞬間的には40％ぐらいまでいくと思いますよ。

**江成**　大変な数字ですね。その後に良い社会が来るためには仕方のない代償なのかもしれませんが。

**徳川**　大企業でも少しは残るところもあるでしょうが、無くなるところのほうが圧倒的に多いのではないかと思っております。

**江成**　ただ、その辺はベンチャーなど新しいイノベーターも実際に増えていますし、それがうまくいけば受け皿という意味でもなんとかなりそうな気はします。

**徳川**　そこなんですよ。大企業が潰れて何が良いかというと、能力のある人はベンチャーのほうへ行くんですね。アメリカのハイテク、IT企業だって、大企業出身のベテランが行って初めて伸びる。ベンチャーに素晴らしいアイデアがあってもそれをビジネスとして育てていくだけの経験と能力のあるそうした人材はヨソにいるわけです。

今の日本はそれが完全に大企業に囲い込まれてしまっていて、そのことも成長を阻害する理由になっているわけですね。

**江成**　そう考えるとライザップとかは凄いですね。大きいところから人材を集めているじゃないですか。

**徳川**　そうなんですか？

**江成**　はい。テレビ等で見ただけですが、社長は意外とホワンとしている人という印象なんですけど、そこに元カルビーの取締役会長で一番売り上げを伸ばしたような人とか、ユニクロですごい上のほうだった人とかを集めています。

**徳川**　なるほどね。いろいろ試行錯誤するのは良いことでしょう。そうやって各企業がいろんなことをやってみてダメなところは淘汰されていく、それでようやく日本もふつうの市場経済になっていくわけです。

## 男女の領域

**江成**　これからの女性活躍社会に向けて、シングルマザー協会としてみなさんに伝えているのは「女性がこれから社会に出ていくためには学び続けていかなければいけない」ということなんですね。まあシングルマザーに限らず全般的にそうなんでしょうけど、やはり自立心を持って行かなければいけないということはすごく協会のなかで伝えているんです。

学び続けて自分が何をできるかをちゃんと持つ、自分の軸を持つということを。徳川さんのおっしゃるように大企業が社会全体を支えるような現状が崩壊したときには、やはりそうした個の力が大切になってくるんでしょうね。

**徳川**　その通りです。

**江成**　男女関係なく能力重視の社会になるということですよね。

**徳川**　ただそのときに、東京医大で女性受験者を一律で減点していたという問題がありましたが、それについては「ジェンダーで差別するべきだ」という意見もあるんですね。外科医は体力勝負なので男性を優遇するのも仕方がないと。

**江成**　そこが実際に足りなくて困っているという現実もあるわけですからね。女性医師が増えるよりも男性のほうがいいというのも現場の感覚としてはきっとあるのでしょう。

**徳川**　だからそれならばそうと最初に言っておけばいいんですよ。いわゆる力仕事の適正を見るために体力検査もしますと。

**江成**　性差でいえばやっぱり力仕事は一般的には男性のほうが向いて

いますからね。それを表立てて言わないでこっそり減点なんてしちゃうから、後から男女差別だと言われることになる。

**徳川**　ただ、私が思うに世界のなかで本当に女性が男性並みに活躍して男性並みに処遇されるという男女平等な社会というとカリフォルニアやニューヨーク、マサチューセッツといったアメリカの沿岸地帯と、西ヨーロッパだけなんじゃないかという気もするんですね。

例えば、イスラム圏では女性の権利が極端に制限されている国が少なくない。ラテンアメリカもインドもアフリカもラテンアメリカも、治安が悪く、教育が行き渡らないせいで、女性の権利は実質的には相当に弱いです。

**江成**　まだ日本のほうがマシですね。

**徳川**　全然マシですよ。女性が理不尽に殺されることも稀なのですから。あとは中国圏がどうかなっていうぐらいなんですが、ただそれはたまたま経済成長が続いてきたからそうした女性差別の部分が隠されているだけかもしれない。だからいったん経済が停滞しはじめたときにはどうなるか。昔の中国といえば女性の足を壊していた国ですからね。

**江成**　ああ、纏足というやつですね。

**徳川**　そういう状態に逆戻りしてしまうのではないかという懸念もあってなかなか難しいです。結局男性には暴力という切り札……切り札と言ってはなんですけどそれがありますからね。

**江成**　そこはシングルマザーにとっては本当に深刻な問題です。

**徳川**　いずれにしても今の日本において、軍国主義を引きずった大企業によるイビツな社会が変わる直前にまで来ているのは間違いないことでしょう。一見すると暗い谷間の時代というか、これから悪くなっていくよう見えるかもしれませんが、いろんな条件を考えるとむしろすごく良くなっていくのかなあと思っていますし、その前兆がいろいろと見えてもいます。

**江成**　大きな革命みたいなことが起きるわけではなく自然に変換していく。

**徳川**　いや、自然に革命的変化が起きるんですね。

**江成**　ちょうどいまはその過渡期にいるということですか。それは私自身もすごく感じるところですし、やっぱりそこを理解しているのといないのでは今後の社会で活躍できるかどうかが大きく違ってくるのでしょうね。

# あとがき

阿部《あべ》　睦《むつみ》（シグマロジスティクス株式会社 取締役副社長）

江成さんの存在を知ったきっかけは、自分の勤務している会社で女性戦力を活用して、減少傾向の若年男性戦力の補完をしていこうと曖昧で無計画な発想を思い立ち、女性採用の切り口を模索しているときでした。

子育てによる時間の束縛から一般的な時間帯の勤務に就けず、「特定就職困難者」という括りにされたシングルマザーの女性たちを自社の業務でしっかり活用できれば、その先はどんな境遇の女性にでも適応できるビジネスモデルができあがるのではないだろうか？という半ば漠然とした期待感のなかでありましたが、あとで気づけばこの考え方はあながち間違いではありませんでした。

折しも弊社の関連会社に江成さんを知っている社員がおり、「今後の活動に適切なアドバイスをしてくれる人を知っていますよ」という嬉しい話から紹介を受けて弊社にお越しいただいて初めて対面したのが、２０１３年の晩春でした。

お互いの自己紹介のなかで、江成さん自身がシングルマザーであること、５人の子どもを女手一つで育ててきたこと、そうした苦労のなかからシングルマザーが自立するための教育と就職に向けた気持ちのあり方、受け入れる企業側の業務や待遇設定の方法などの持論をすでに確立していることを江成さんの口から伺ったとき、身近にありながら自分の知らない世界がそこにあることを実感したものです。

日本のシングルマザー人口は２０１５年時点でおよそ１５０万人、実に50人に一人の女性がシングルマザーとして生活しています。本書で紹介した江成さんの「哲学」ともいうべきシングルマザーの自立支援は思考の産物ではなく、ご自身が過去に体験し、自らの苦労のなかから見いだした生き方であり、同じ立場に立たされた人たちが同じように抱えている問題への最良にして最短の解決方法だということをまず読者の皆さんには認識していただきたいと思います。
実体験に裏づけられた支援方法なので曖昧さがなく、簡潔明瞭で迷いがありません。
彼女の考え方は全てに筋が通っておりブレがない。そして何よりも正直。
江成さんとお会いして話を聞いて、説明しがたい清涼感を私は最初に抱きました。

ここで江成さんが代表を務める日本シングルマザー支援協会の「働き方教育」について。

**【女性からはじめる】「働き方教育」には三つの学びがある。**

**・社会性を学び、組織を知る**
**・生産性の上げ方を知る**
**・自分を知る**

というテーマでシングルマザーの自立支援の教育を推進しています。

まず**【社会性を学び、組織を知る】**というテーマ。
そこには社会や企業に変革を求める前に、まず自分たちを変えていこうという前向きな、
言い方を変えれば、他力本願ではなく自力で前進しようという、少し厳しめな課題提起を

しています。江成さんから話を聞くとき常に感じることは、「甘えさせない。努力を惜しまず実力をつけようとする方向に軌道修正し、そこから徹底してサポートしていく」というご本人の強い信念です。

まず意識改革から入るのですが、社会の仕組み、企業の求める人材がどんなものなのかということをしっかりと情報提供しながら教育し、そのなかで自分は何ができるのか、何に向いているのかと自問自答を繰り返しながらコーチングで最終結論に導く方法を取っています。

男性主体の社会において急激な変化を期待せず、知識を得ることで順応の道筋を模索させるわけです。そこには常に本人に寄り添い「最後まで面倒を見るよ」という強く優しい人間性が感じられます。

続いて**【生産性の上げ方を知る】**というテーマ。

複数のタスクを同時にこなせるという女性本来の特異性は、われわれ男性には超越しがたく、また理解の範疇を超えているような能力です。ただし、その特異性の存在をハッキリ言葉に出して言われるまでは、ほとんどの男性諸氏は気づいていないのではないでしょうか。

目的や目標が明確であれば女性のほうが高い生産性を得ることができるということはあまり認めたくはないのですが、どうやら事実のようです。ここでも自らの特性を生かした生産性の上げ方、つまり業務の効率化の実現方法を本人のスキルチェックから具体的な方向性を見いだして、適切な就職へのアドバイスを施すまで一貫したサポートを実践しています。

最後に**【自分を知る】**というテーマ。

自分が社会への再出発をするときに抱く不安という感情。この不安の根源を探り、乗り越えさせることが協会の提唱する「リライフ」というプログラムです。不安を知るということは言い換えれば自分の弱点を知るということであり、弱点克服が不安感の解消へとつながるように「ひとり親コンシュルジュ」というファシリテーターとともに取り組んでいく。

江成さんの考える教育は「一人にさせない、一人じゃないよ」という優しさが随所に顔を見せてくれます。社会に飛び込むことに躊躇している未来ある女性の背中をそっと押してあげることは、商売や事業という経済活動を超えた高い精神ステージに立って初めてできうる行為ではないでしょうか。

私は、江成さんの活動をこれからも応援し続けていくつもりです。

平成30年10月吉日

## ◎母子家庭で利用可能な制度

いずれも自治体ごとに異なるので窓口で相談確認をしましょう。

| | | |
|---|---|---|
| 1 | 特別児童扶養手当 | 20歳未満の精神・身体障害を有する家庭 |
| 2 | 障害児福祉手当 | 20歳未満の日常生活で常時介護を必要とする家庭 |
| 3 | 生活保護 | 病気または収入が少ない家庭 |
| 4 | 国民健康保険料の減免 | 自己申請により自治体ごとに異なる |
| 5 | 上下水道料金の割引 | 自治体ごとに異なる |
| 6 | 粗大ごみの手数料減免 | 母子手当受給者が対象となる自治体が多い |
| 7 | 保育料の減免 | 収入により異なる |
| 8 | 交通機関の割引制度 | 定期券が母子手当受給者は3割となる |
| 9 | その他の支援制度 | 生活費貸付、学校用品補助制度、ホームヘルパーの派遣制度、などがある |

## ◎厚生省統計白書　平成27年度データ

| | |
|---|---|
| 全国の母子家庭世帯数 | 530万世帯 |
| うち18歳未満の子供同居 | 109万世帯 |
| 生活保護受給母子家庭世帯数 | 8万7314世帯 |

| | |
|---|---|
| ひとり親家庭児童手当 | 総額1643億円 |
| 生活保護費用実績（全国） | 3兆8000億円 |

※平成30年現在、18歳未満の子供同居の母子家庭は150万所帯といわれる

## ◎日本シングルマザー支援協会 独自の自立支援プログラム

**Level. 1 満たす**

### 自立は出来ないと思っている
年収目安 160万円以下

- 自分には何もできないと感じている
- 成功体験を聞いても他人事と思う
- マイナスな言葉に敏感。就職など生活に変化が起きるのが怖い

**Level. 2 気づく**

### 自立したいと感じるようになってきた
年収目安 200万円以下

- 自分が他人の意見に左右されやすいこと、マイナスの言葉に敏感なことに気づく
- 自分が恐怖心を持っていることに気づく
- 自分にも可能性があることに気づく
- 収入が低い理由が自分の考え方も影響していることに気づく

**Level. 3 考える**

### 自立するために具体的な行動を探し始める
年収目安 200万円〜

- 未来を見据えることが出来る
- ライフプランイメージの確立
- 悩む時間が減り、進む方法を考える時間が増えている
- 他人に関心を持てるようになる

**Level. 4 行動する**

### 自立へ向けた行動中、チャレンジ中
年収目安 200万円〜

- ライフプランイメージを実践、行動中
- 自分の強みに気づき、他人と自分の違いを理解し、他者を受け入れることができる
- 収入で仕事を選ぶことができる
- できることが増える喜びを感じられる

**Level. 5 自立確立**

### 自立確立
年収目安 300万円〜

- 経験のないこともチャレンジでき、お金へのマイナスイメージがない
- 目標を立てることができる
- 未来が見えているので、安定感がある
- 人の気持ちを考える余裕があるのでイライラしにくい

【一般社団法人日本シングルマザー支援協会】

| | |
|---|---|
| 住所 | 〒221-0835<br>神奈川県横浜市鶴屋町2-21-1 ダイヤビル405 |
| 電話 | 045-534-8849 |
| ホームページ | https://シングルマザー協会.com |
| 代表理事 | 江成道子 |
| 設立 | 2014年 |
| プログラム | ●年収アップ、コミュニティ、コミュニケーション力、をつくる<br>●シングルマザーの年収300万円を目指す |

【シングルマザーサポート株式会社】

| | |
|---|---|
| 住所 | 〒169-0075<br>東京都新宿区高田馬場3-12-2 高田馬場OCビル4階 |
| 電話 | 03-5937-8471 |
| ホームページ | https://singlemother-support.co.jp/about/ |
| 代表取締役 | 江成道子 |
| 設立 | 2016年 |
| 事業内容 | ●職業紹介、労働者派遣、結婚相談・紹介、<br>交際・結婚に関する調査研究<br>●各種イベント、旅行企画・運営、各種講演の<br>企画・運営、自治体支援事業 |

【ブログ】

https://ameblo.jp/rinamana77/

FB・運営、ツイッターも参加

［著者プロフィール］
**江成 道子**（えなり・みちこ）

一般社団法人日本シングルマザー支援協会 代表理事。

シングルマザーサポート株式会社 代表取締役。

1968年8月、東京都文京区生まれ。5歳のときに両親が離婚、相模原市を皮切りに大和市、泰野市、厚木市と移転。高校同級生と結婚、3人の子どもに恵まれるが、27歳で離婚。31歳で再婚し2人の子どもを授かるものの、37歳で離婚。5人の子どもを抱えシングルマザーとなる。結婚、離婚を通して仕事はしていたものの、キャリアはなく、経験のある営業職に就く。

子ども5人という状況で将来への不安もあるなか、さまざまな道を模索する。そのころの体験が現在のシングルマザー協会の活動の原点となる。

・2013年…7月に一般社団法人日本シングルマザー支援協会を設立。
・2014年…「シングルマザーのための就職イベント」を横浜市の後援を得て開催。
・2016年…シングルマザーサポート株式会社を設立。
　同時にパートナー企業200社と提携し、シングルマザーの就職支援を行う。
・2018年…2月に横浜市、3月に相模原市、9月に大阪市と協定連携締結。
・2018年…フォーブズジャパンの「新しいイノベーション!日本を担う99選」に選出される。

**シングルマザー 自立への道**
**働き方教育で女性が活躍する社会へ**

2018年10月10日 初版第1刷発行

| | |
|---|---|
| 著者 | 江成道子 |
| 発行者 | 漆原亮太 |
| 編集人 | 永井由紀子 |
| 発行所 | 啓文社書房<br>〒160-0022 東京都新宿区新宿 1-29-14<br>パレドール新宿 202<br>代表☎ 03 (6709) 8872 |
| 発売所 | 啓文社 |
| 印刷・製本 | 株式会社光邦 |
| 装丁・デザイン／DTP | 谷元将泰 |

ISBN978-4-89992-054-0　C0030　Printed in Japan